基于PHP的
金融科技平台建设研究

郑春瑛 著

浙江大学出版社
·杭州·

图书在版编目（CIP）数据

基于PHP的金融科技平台建设研究 / 郑春瑛著. —
杭州：浙江大学出版社，2023.11
　　ISBN 978-7-308-24354-4

　　Ⅰ．①基… Ⅱ．①郑… Ⅲ．①金融－科学技术 Ⅳ.
①F830

中国国家版本馆CIP数据核字(2023)第207194号

基于PHP的金融科技平台建设研究

郑春瑛　著

责任编辑	杨　茜	
责任校对	曲　静	
封面设计	周　灵	
出版发行	浙江大学出版社	
	（杭州市天目山路148号　　邮政编码　310007）	
	（网址：http://www.zjupress.com）	
排　　版	杭州林智广告有限公司	
印　　刷	杭州钱江彩色印务有限公司	
开　　本	710mm×1000mm　1/16	
印　　张	19.75	
字　　数	303千	
版 印 次	2023年11月第1版　2023年11月第1次印刷	
书　　号	ISBN 978-7-308-24354-4	
定　　价	88.00元	

2017 年，中国人民银行成立金融科技（FinTech）委员会，旨在加强金融科技工作的研究规划和统筹协调。2019 年 9 月，中国人民银行印发《金融科技（FinTech）发展规划（2019—2021 年）》，明确提出未来三年金融科技工作的指导思想、基本原则、发展目标、重点任务和保障措施。2022 年 1 月，中国人民银行印发《金融科技发展规划（2022—2025 年）》，此规划依据《中华人民共和国国民经济和社会发展第十四个五年规划和 2035 年远景目标纲要》制定，提出新时期金融科技发展指导意见，明确金融数字化转型的总体思路、发展目标、重点任务和实施保障。在这个金融科技成果层出不穷的时代，我们很有必要对金融科技行业的门面——金融科技平台的建设进行深入的思考和研究。从广义的角度讲，金融科技平台就是各个机构提供的，用于办理金融业务并进一步创新金融模式的网络应用服务平台。从狭义的角度讲，金融科技平台即金融科技门户（FinTech Portal），是指利用互联网提供金融产品、金融服务信息，汇聚、搜索、比较金融产品，并为金融产品销售提供第三方服务的平台。本书以一个典型金融科技平台的建设为中心来选取并组织内容，对狭义角度的金融科技平台建设进行了实践与研究，让读者从整体上认识和了解金融科技平台的开发流程，了解建设金融科技平台所需要的基本职业能力，从而了解适应金融科技新业态、新职业和新岗位的要求。

本书为了让读者在学习金融科技平台建设的过程中能够了解从事金融科技平台建设所需要的基本能力，制作了一个典型的金融科技平台门户网站（浙方基金网站）作为实例。全书围绕该金融科技平台门户网站的建设展开，包含了金融科技平台的概述、规划、分析、设计、开发、动态效果的实现、测试发布等内容，这些内容是以此金融科技平台门户网站的开发生命周期为线索来设计的。

    本书结构新颖、针对性强、实用性强。全书共分八章，每章的内容都是按照金融科技平台的实际建设流程组织的，以实用、够用为准，并力图体现标准规范。书中所用的金融科技平台实例是一个完整的、响应式的、可以实际应用的真实项目。本书所用的开发语言和数据库为 PHP 和 MySQL。书中后四章内容类似于工作手册，书中所有代码都已在 HBuilder X+Bootstrap 3.4.1+WordPress-5.8-zh_CN+Xampp-windows-x64-7.4.22 软件环境中调试通过。

    本书的编写得到了浙江金融职业学院吴金旺、史浩、路淑芳、章和平、张佳怡、施克泳，以及平安银行浙江分行科技部总监陈玉明的大力支持和帮助，路淑芳老师对金融科技平台网站实例的美工设计给予了指导。在写作过程中，作者参阅了大量有关的专业书籍，吸收和借鉴了众多学者的研究成果，在此对有关学者一并表示深深的敬意和由衷的感谢。

    由于作者水平及时间所限，书中纰漏和考虑不周的地方在所难免，敬请读者批评指正。

郑春瑛

2023 年 3 月于杭州

目录

目　　录

第一章

金融科技平台的概述

第一节　研究背景

金融科技的英文为 FinTech，是 Financial Technology 的缩写，可以简单理解为 Finance（金融）+Technology（科技），指利用各类科技手段对传统金融行业所提供的产品和服务加以创新，提升效率并有效降低运营成本。

在金融科技发展过程中，以下几件大事值得关注：

2017 年，中国人民银行成立金融科技（FinTech）委员会，旨在加强对金融科技工作的研究规划和统筹协调。

2019 年 9 月，中国人民银行印发《金融科技发展规划（2019—2021年）》，明确提出未来三年金融科技工作的指导思想、基本原则、发展目标、重点任务和保障措施。该文件指出，金融科技是技术驱动的金融创新，旨在运用现代科技成果改造或创新金融产品、经营模式、业务流程等，推动金融发展增效。

2022 年 1 月，中国人民银行印发《金融科技发展规划（2022—2025年）》。该规划依据《中华人民共和国国民经济和社会发展第十四个五年规划和2035 年远景目标纲要》制定，提出了新时期金融科技发展的指导意见，明确了金融数字化转型的总体思路、发展目标、重点任务和实施保障。

在这个金融科技不断发展、成果层出不穷的时代，我们需要对金融科技行业的门面——金融科技平台的建设进行深入的思考和研究。

第二节　金融科技

就金融科技的发展历程而言，依据科技对金融业的影响程度，可以将其大致分为金融电子化、互联网金融和全面科技化三个阶段。

金融科技是金融与科技的结合，互联网行业将信息技术应用于金融行业，或者在金融行业引入互联网技术，即"互联网 + 金融"或"金融 + 互联网"。对此，谢平等（2014）称其为互联网金融，认为互联网金融是一个谱系概念：一端为传统银行等中介及市场，另一端是瓦尔拉斯一般均衡所对应的无金融中介或市场的情形，介于两端之间的所有金融交易与组织，都属于互联网金融。

易宪容等（2019）把金融科技定义为通过网络数字化的技术，全面整合相应的金融数据资源，实现金融数据共享，为客户提供创造价值的定制化金融服务，实现金融服务的自动化、行动化、智能化、大众化、普惠化，从而形成的一种金融服务的新业态。该定义概括了金融科技的主要内涵和本质特征，即以大数据为基础的新金融服务业态。

金融科技的概念目前还没有统一的定义，目前广泛引用的金融科技概念是金融稳定理事会（Financial Stability Board，FSB）于 2016 年 3 月提出的，即金融科技是由技术所带来的金融创新，它能创造新的业务模式、流程、产品，从而对金融市场、金融机构提供服务的方式造成巨大影响。

第三节　金融科技平台

从广义的角度讲，金融科技平台就是各个机构提供的，用于办理金融业务并进一步创新金融模式的网络应用服务平台。常见的金融科技平台见表 1-1。

表 1-1　常见的金融科技平台

模式	分类	典型平台	运营方式
传统金融服务的互联网化	网上银行	平安口袋银行、浦发银行、中信银行	借助互联网信息技术、建立电商平台、发展电子化金融机构
	互联网保险	众安保险、慧择保险、淘宝保险	官方网站模式、第三方电子商务平台模式、网络兼业代理模式、专业中介代理模式、专业互联网保险企业模式
	互联网基金	天天基金、余额宝、睿远基金	传统金融机构互联网基金销售、互联网平台基金销售
	互联网证券	东财证券、兴业证券优理宝	券商网上商城模式、互联网券商 O2O 模式
互联网居间服务	第三方支付	支付宝、财付通、银联支付	为收付款人的支付中介提供网络支付、预付卡、银行卡收单等支付服务，当前以支付功能为主
	众筹	众筹网、京东金融、天使汇	通过互联网平台连接赞助者与提案者，向网友募集资金
大数据金融平台服务	互联网消费金融	花呗、借呗、京东白条	基于电商平台积累的交易数据，利用大数据技术分析数据，挖掘用户需求，为客户和供应商提供贷款融资服务
互联网金融门户	保险、理财、综合等类门户网站	平安保险、兴业证券、中融信托	利用互联网进行金融产品的销售，为金融产品销售提供第三方服务平台

从狭义的角度讲，金融科技平台即金融科技门户，是指利用互联网提供金融产品、金融服务信息，汇聚、搜索、比较金融产品，并为金融产品销售提供第三方服务的平台。

所谓门户网站，是指提供某类综合性互联网信息资源并提供有关信息服务的应用系统。在全球范围内，著名的门户网站有谷歌、雅虎等；而在中国，著名的门户网站有新浪、网易、搜狐、腾讯、百度、新华网、人民网、凤凰网等。

下面主要从狭义的角度对金融科技平台进行分析。

（一）金融科技平台分类

根据服务内容与方式的不同，从金融产品销售产业链的层面，金融科技平台可以分为第三方资讯平台、垂直搜索平台及在线金融超市三大类。

根据所提供的金融产品与信息的不同，从金融科技平台经营产品类别的角度，金融科技平台又可以分为 P2P 网贷类平台（目前已被全面取缔）、信贷类平台、保险类平台、理财类平台及综合类平台五类。

（二）常见的金融科技平台

常见的财经网站主要分为官方、主流媒体，外媒，金融数据终端，互联网财经网站和财经社区等，具体如图 1-1 所示。

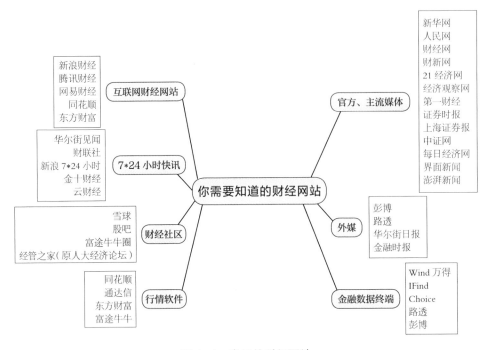

图 1-1　常见的财经网站

图片来源：https://www.zhihu.com/question/19599123/answer/618950740。

（三）金融科技平台建设相关的技术

1. 狭义的金融科技平台建设涉及的技术

在金融科技平台发展早期，建设金融科技平台网站只需要一种语言（技术）——HTML。随着互联网的发展与完善，新技术层出不穷。虽然用HTML可以建立最简单的网页，但为了使网站更加具有吸引力、更加高效，至少还要学会下面一些常用网站设计的技术。

（1）搭建网站的结构—— HTML 与 XHTML

网站的所有内容都是通过 HTML 与 XHTML 组织起来的。

（2）美化与布局网站的样式表——CSS

有了内容之后，通过 CSS 可以使内容表现得更好。

（3）客户端脚本语言——JavaScript

通过目前最流行的脚本语言 JavaScript，可以在客户端实现一些动态的效果，可以控制浏览器，进行数据的检测与验证，比如用户的输入验证、漂浮的文字、选项卡效果等。目前最流行的 Ajax 技术，就使用了 JavaScript。

（4）服务器端脚本语言——ASP、PHP、JSP 等

通过编程在服务器端实现对内容的分析与操作，比如用户登录系统、购物车系统、数据的查询等。

（5）数据库与 SQL 语句——Access、MySQL、SQLServer、Oracle 等

数据库用于存储数据、保留用户与网站信息等。

网站建设发展到今天，已经衍生出很多技术，但是每种技术的存在都是以实现更富有吸引力的用户体验与更方便快捷的网站建设为前提的。认识到这一点，我们就能更加深刻地理解这些技术了。

2. 动态网站的集成开发环境

我们可以在系统上很复杂地安装一个个软件并修改配置文件来完成动态网站开发环境的安装，也可以用已经集成好的软件包等方法实现快速安装。网站服务器端脚本语言有 ASP、PHP、JSP 等。PHP 相应的集成开发环境软

件包则有以下选择。

（1）LAMPP：指 Linux+Apache+MySQL+PHP+Perl 的 系 统 环 境。LAMPP 环境基本上就等于 LAMP（Linux+Apache+MySQL+PHP）的系统环境，因为 Linux 操作系统都默认自带了 Perl 环境。

（2）XAMPP：指 Apache+MySQL+PHP+Perl 环境的一键安装程序包。它可以在 Windows、Linux、Solaris、MacOS X 等多种操作系统下安装使用，支持多语言，如英文、简体中文、繁体中文、韩文、俄文、日文等。通过 XAMPP，我们可以在上述几种操作系统上一键安装 XAMPP 环境，特别方便。

（3）WAMP：指在 Windows 服务器上使用 Apache、MySQL 和 PHP 的集成安装环境，可以快速安装配置 Web 服务器。

从安全性和性能上来看，LAMP 优于 WAMP，不过由于 Windows 操作系统具有易用、界面友好、软件丰富、操作方便等优点，因此对新手而言，使用 WAMP 是一个不错的选择。

从第二章开始，本书将以一个典型的金融科技平台——浙方基金网站为例，来说明金融科技平台的规划、分析、设计、开发、动态效果实现、发布等整个建设过程，书中网站有关的所有程序都已在 HBuilder X+Bootstrap 3.4.1+WordPress-5.8-zh_CN+xampp-windows-x64-7.4.22 软件环境中调试通过。

第二章

金融科技平台的规划

第一节　项目背景分析

中国自改革开放以来，经济发展日新月异，国民生活水平有了显著的提高，人们的钱包越来越鼓了；同时因为通货膨胀，钱会贬值，所以人们逐渐认识到投资理财的重要性。俗话说得好，"你不理财，财不理你"，如何合理安排资金成为如今人们关注的重要问题。

近几年，基金成了一个热门的投资理财项目，因为对于投资新人来说，基金比股票和证券等投资项目更容易在短时间之内掌握投资要领；且基金采用利益共享、风险共担的管理方式，风险和收益都相对稳定；并且基金规定的最小投入门槛较低，是最适合普通投资者的投资方式，也是适合长期持有的一种投资工具。中国证监会也提出"促进居民储蓄向投资转化，大力发展权益类公募基金"的号召，基金成为热门投资项目是大势所趋。

在这种大趋势下，浙方基金网站应运而生了。浙方基金网站为了给客户提供一个良好的投资理财工具和学习平台，让客户能够更好地了解各个基金的详情，做出理想的理财规划，提高客户购买基金的便利性、积极性，扩展投资基金的人群，响应国家"去散户化"的号召，推动资本市场继续更好地服务实体经济，帮助我国资本市场继续高质量健康发展。

第二节 项目可行性分析

一、开发的必要性

对于基金公司来说，建设自己的网站可以详细地介绍基金公司及基金产品，可以把任何想让人知道的信息放在网站里，如企业简介、理财产品、金融资讯、联系方式等，便于在互联网展示以提升企业形象，能够让全世界任何地方的任何人通过网址来浏览信息，再通过这些内容中的亮眼部分去吸引潜在客户，与之建立商业联系。对于客户来说，网站依旧是最传统也是最主要的了解基金公司相关信息和旗下基金产品的平台。

二、技术可行性

浙方基金网站是一个供教学用的响应式动态网站项目，它是根据实际需要为一家虚拟的浙方基金公司开发的，可以应用到实际。其开发环境为：PC 机+Windows 操作系统+网页设计软件 Photoshop+代码编辑器 Hbuilder+响应式网站实现工具 Bootstrap+动态网站建设集成软件包 XAMPP（Apache+MySQL+PHP+PERL）+网站内容管理系统 WordPress。目前这样的软件技术已经相当成熟，在硬件方面要求配置较好的服务器或者 PC 机。

三、经济可行性

相对于基金公司宣传企业本身产品及品牌的广告，网站的建设费用低，效率却高。

域名：网站域名通过注册或购买的方式都可以获得。注册网站域名一般只需几十元，向网络公司购买域名一般收费 100～200 元不等，包含域名解析、实名认证、域名备案等专业服务。域名最好选择简短易记、符合企业或者网站特性的，常见的结尾有".com"和".cn"等，大多数域名都是公司或者品牌拼音或英文的缩写，这样可以加深用户对网站的记忆。

　　服务器：网站服务器采用租用和购买的方式都可以。租用中等服务器价格在每年几百元到几千元，具体看企业需求。对于普通企业网站，1G 空间的虚拟主机已足够使用，租赁价格通常在每年 600 ～ 800 元。服务器费用预算需要考虑两点：其一是网络空间服务商品牌是否为知名品牌，其二是空间大小。

　　制作经费：普通企业网站一般是用来展示企业形象的，没有很复杂的交互、支付等功能，一般会放公司介绍和联系方式等信息，常见的企业网站程序价格在 500 ～ 3000 元。定制网站可以根据想要的功能及交互体验，让程序员按照要求完成网站开发工作。这类网站根据需求难度和开发工时报价，一般开发成本在 1 万元以上。

四、组织与管理上的可行性

　　为了开发浙方基金网站，笔者成立了项目组，项目组在商讨策划之后，将三位成员做如下分工：一位网站美工设计、一位前端工程师、一位后端工程师。

　　在讨论确定了整个网站的功能板块、logo、主题配色后，笔者计划用一个半月左右完成浙方基金网站 9 张网页的美工设计。美工设计除了要保证视觉美观，还要考虑如何在功能、体验和视觉上达到一个平衡点。美工设计师在设计过程中，和前、后端工程师的沟通极为重要，需要与技术人员交流相关设计是否可以用代码实现，并建立输出界面设计的规范文档，最后要将设计稿交予甲方查看，根据甲方的建议进行修改。每张网页确定成稿后就交给前、后端工程师，后续也需继续沟通和监督。

　　前端工程师与后端工程师互相配合。前端工程师基于静态网站的代码，使用 Bootstrap 将静态网站修改成能够适用于台式或手提电脑、平板电脑、手机三种屏幕分辨率的响应式网站，再由后端工程师在前端工程师的工作基础上，引入数据库，用 CSS、PHP、Java 编写服务器端代码和与数据库 MySQL 交互的代码，并且负责后期的维护。

第三节　确定预期目标

浙方基金网站主要以"基金产品详情"为核心，展示一系列的页面及功能，围绕实时的基金详情数据进行相应的页面布局，如首页的基金资讯、推荐及会员登录等，基金产品列表页的产品展示，基金产品详情页的产品详细信息、基金经理信息以及商品的购买，文章列表页的展示，文章详情页的信息获取等功能，为客户创造一个良好的基金选购平台，并且让顾客可以了解各个基金的特点和走势。

通过上网搜索，可以发现基本上所有的证券基金公司都已经有了自己的门户网站，如易方达基金管理有限公司、富国基金管理有限公司，其网站的界面分别如图 2–1、图 2–2 所示。

图 2–1　易方达基金网站

图 2-2　富国基金网站

浏览这些网站可以发现，虽然每个网站中都含有大量的基金、证券、股市的相关信息，各个基金公司的网站都有自己的特点，布局方式、主题色、板块都贴近自家的基金产品，但它们还是存在如下问题：

· 大部分是非响应式网站。

· 基金网站模板化，大部分网站的结构、排版、内容相似。

· 网站提供给用户的内容繁杂，为了塞下更多的内容，页面布局有些过于紧凑。

基金网站的使用人群比较广泛，只要一部手机或一台电脑就可以查看基金网站的信息。但大多数基金公司的网站只能适应电脑端，一旦在电脑上缩小网页或者在平板电脑、手机上查看，就只能看到网站的部分内容。虽然现在大多数证券基金公司都有自己的手机应用程序，但对于只是偶尔想浏览网页参考信息，并不想浪费内存下载手机应用程序的人群来说十分麻烦。并且许多基金公司的网站十分相似，仿佛形成了一套专属于基金网站的模板，被不同公司一遍遍套用，再加上信息布局排版上紧凑复杂，缺乏特色，很难激起客户的购买欲望。所以在网站设计过程中，可以参考其他优秀的基金网站页面，如睿远基金、广发基金、前海开源基金等，并且询问周围购买基金、股票的亲朋好友的一些使用习惯、逻辑需求和意见，才能使基金网站的设计更加符合了解、查询信息和购买基金产品的特点与客户的需求。

第四节　了解开发步骤

一个网站由域名、主机（虚拟主机）、网站程序三个部分组成，建设一个新的网站的一般流程如图 2-3 所示。

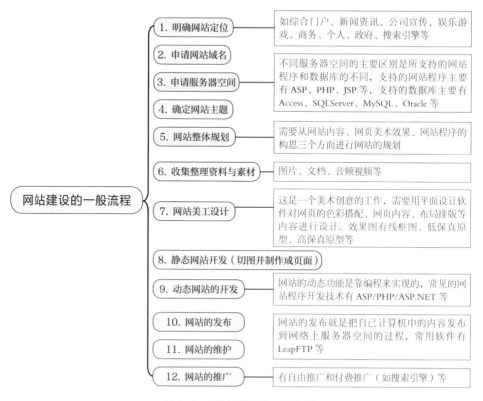

图 2-3　网站建设的一般流程

（一）明确网站定位

首先要明确网站的定位，如综合门户、新闻资讯、公司宣传、娱乐游戏、商务、个人、政府、搜索引擎等。在开发之前要确定网站的需求，并明确网站的业务场景，网站开发人员确认需求后不可以轻易更改。网站开发人员根据需求去设计网站的模型，把客户的业务需求直观地展示出来。

（二）申请网站域名

要建设一个网站当然要选择一个好的域名。域名后缀一般选择".com"和".cn"，其中".com"是国际域名后缀，".cn"是中国域名后缀。域名的主体一般和网站主题相关，也可以用企业的名称全拼来做域名的主体。如今互联网当中网站繁多，很多域名已经被注册，可以采用全拼，可以采用首字母缩写，也可以加地域或者数字，但是一定要有意义，让人容易记住。

（三）申请服务器空间

当购买完域名之后，还要有个域名可以访问到的地方，这时候就要租一个虚拟主机的空间了，把域名与虚拟主机绑定，当用户访问域名时，就直接进入放在虚拟主机空间里的网站了。不同服务器空间的主要区别是支持网站程序和数据库的不同，支持的网站程序主要有 ASP、PHP、JSP 等，支持的数据库主要有 Access、SQLServer、MySQL、Oracle 等。

（四）确定网站主题

确定网站的主题，如基金、证券、期货、银行、保险等。

（五）网站整体规划

需要从网站内容、网页美术效果、网站程序的构思三个方面进行网站的规划。

（六）收集整理资料与素材

需根据网站制作的需要，收集图片、文档、音频、视频、动画等资料与素材。

（七）网站美工设计

根据原型图进行美工设计，制作出每个网页的美工效果图。这是一个美术创意工作，需要针对网页的色彩搭配、网页内容、布局排版等内容，用平面设计软件设计出页面效果。美工效果图有线框图、低保真原型、高保真原型几种。

（1）线框图：制作快速，能够体现出网站的架构和内容框架，但无法体现出交互关系。

（2）低保真原型：不但能体现出页面内容结构，还能体现出网站的交互关系。

（3）高保真原型：在低保真原型的基础上，高保真原型更加精致与完美，并注重细节的体现，注意字体、色彩、图片。一般用 Axure RP 软件。

（八）静态网站的开发（切图并制作成页面）

对美工效果图进行切图得到网站开发所需要的图片素材，再根据美工效果图将网站的静态页面制作出来。

（九）动态网站的开发

根据静态页面，将网站中需要动态加载的资源进行参数化调整。使网站可以动态地从服务器加载数据。网站的动态功能是靠编程来实现的，常见的网站开发程序有 ASP、PHP、JSP、ASP.NET 等。

（十）网站的发布

网站开发完成后，经过前、后端工程师的测试，可以将程序部署到服务器上，完成网站的上线。网站的发布就是把个人计算机中的内容发布到网络服务器空间的过程。常用的软件为 LeapFTP（在这个工具中需要用到从服务器空间得到的 FTP 地址、用户名、密码）。随后根据美工效果图对网站的页面进行各项功能的测试，记录并反馈修改故障。待所有功能验证通过后，要写出一份测试报告。

（十一）网站的维护

上线后的网站可能还有没发现的漏洞等，因此在网站上线后，还要继续完善网站的不足，维护工作主要是针对网站的服务器、网站安全和网站内容展开。

（十二）网站的推广

网站的宣传推广是一门综合性很强的学问，需要对网站有充分和深刻的了解和认识，网站推广有免费的，也有收费的（如搜索引擎）；可以自己做，也可以找专业的公司来运作。

第五节　选择开发环境

在网站的开发阶段，一般采用本地开发方式，这时候域名就是本地计算机（localhost），主机就是开发的集成环境（XAMPP）。

在本地搭建网站需要配置好自己的电脑，将电脑模拟成服务器环境，这时候需要配置开发环境，但是一个一个安装所需要的开发环境经常会遇到兼容性的问题，这时候可以使用集成开发环境来减少配置环境时遇到的版本兼容性问题。浙方基金网站开发环境的选择如下。

一、Photoshop

目前，在实际中运用广泛的网页设计制作软件有Figma、即时设计、

Sketch、Adobe XD、墨刀、Axure 等，协助设计工具有 Adobe Photoshop、Illustrator、After Effects 等。本书以 Photoshop 为基础网页设计工具来进行讲解，有兴趣的读者可以去学习更为专业的网页设计软件。

二、HTML 5

HTML 语言是一种用于创建网页的超文本标记语言，是网页的主体语言和基础语言。HTML 5 是构建 Web 内容的一种语言描述方式。

三、Hbuilder

常见的代码编辑器有 Hbuilder（专为前端开发打造的，国产软件）、Webstorm（JetBrains 公司旗下的一款 JavaScript 开发工具）、VS Code（由微软开发研制，免费、开源、跨平台，几乎支持所有的主流语言开发）、Notepad++（记事本的增强版，免费、开源、小巧、灵活）、Atom（由 GitHub 专门为程序员开发的，免费、跨平台且有强大的文本编辑处理功能）、EditPlus、Sublime Text。本书选用了 Hbuilder（前端）、VSCode（后端）。

四、Bootstrap

Bootstrap 是做响应式网站建设的常用软件之一，使网站能够在各种不同分辨率的设备上排版自适应，是基于 HTML 和 CSS 上的主流网页前端框架之一。其支持响应式栅格系统、自带大量组件和 JavaScript 插件，利用它可以快速地构建响应式网站。

五、WordPress

WordPress 是一款个人博客系统，并逐步演化成一款内容管理系统软件，它是使用 PHP 语言和 MySQL 数据库开发的，用户可以在支持 PHP 和 MySQL 数据库的服务器上使用自己的博客（见图 2-4）。WordPress 的开发者为 WordPress 基金会和 Automattic 公司。Automattic 公司是一家网页程序设计公司，该公司在国内比较出名的应用场景是纯远程办公。WordPress 有许多第三方开发的免费模板，安装方式简单易懂。不过要做一个自己的模板，则需要具有一定的专业知识，比如要懂得 HTML、CSS、PHP、MySQL 等相关技术。WordPress 官方支持中文版，同时有爱好者开发的第三方中文语言包，如 Wopus 中文语言包。WordPress 拥有成千上万种插件和不计其数的主题模板样式。WordPress 的官网安装包下载地址为：https://cn.WordPress.org/。

图 2-4　WordPress 官网

六、XAMPP

动态网站开发环境选择了 XAMPP（Apache+MySQL+PHP+PERL），这是一个功能强大的建站集成软件包，它可以在 Windows、Linux、Solaris、MacOS X 等多种操作系统下安装使用，支持多种语言，如英文、简体中文、繁体中文、韩文、俄文、日文等。类似的动态网站建设环境还有 WAMP、LAMP。需要到 XAMPP 的官网下载安装包（https://www.

apachefriends.org/zh_cn/index.html）（见图 2-5）。

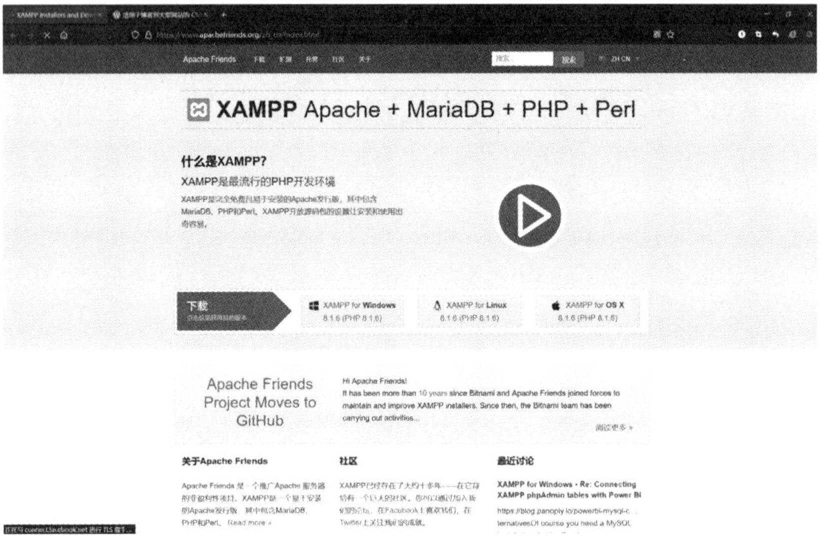

图 2-5　XMAPP 官网

七、MySQL

如果一个网站需要经由互联网来更新大量的信息，那么就需要数据库来存储信息。在互联网应用方面，MySQL 是最好的关系数据库管理系统（Relational Database Management System，RDBMS）应用软件之一。掌握基础的创建数据库、数据表和数据的添加、删除、插入、排序、分组、导出等操作是比较容易的。

八、JavaScript

JavaScript 是一种轻量级的编程语言，是可插入 HTML 页面的编程代码。插入 HTML 页面后，可由所有的现代浏览器执行。有 Java 编程基础的人员可以自己写程序，也可以在网上借鉴或下载网站效果插件。

第三章

金融科技平台的分析

第一节　需求分析

一、网站客户分析

由于金融信息如股票、基金的走势是实时更新与变化的，买卖不能错过每分每秒，所以大部分金融类客户会花更多的时间待在电脑端查看网站上的相关信息，更为清晰直观地观察图表、走势线，但现今手机、平板电脑等移动端十分普及，不在电脑屏幕面前的金融客户有从移动端获取信息的需求，如果移动端网站体验感较差，出现页面不美观、排版拥挤、交互逻辑差等情况，用户获取最新消息的难度会变大，并且会影响对当前购买的金融产品的判断，网站就会流失潜在客户，间接地对金融企业造成很大的打击。所以浙方基金网站的建设需要考虑到响应式的动态网站开发，给予金融客户良好的交互体验，帮助他们准确地获取金融信息，以便购买本公司的基金产品。

近年来社会上掀起了一股理财热潮，如基金热、黄金热、股票热等，不只是大爷大妈们跑去银行买理财产品，更多的年轻人也开始关注投资理财。但是很多没有系统学习过金融知识的理财"小白"没有经验无从下手，往往被迫成为"韭菜"任人宰割，所以需要有金融投资专家参与的论坛讨论和理财课堂等学习专区，为金融客户提供教学服务。

二、网站各页面功能分析

浙方基金网站的主要目的是为顾客创造一个良好的基金选购平台，并且让顾客可以了解基金相关知识，因此其主要页面为网站首页、基金产品页、基金详情页、尊享理财页、理财课堂页、基民论坛页、关于浙方页、用户登录页等。各页面主要功能如下。

网站首页：网站的首页主要包括用户登录与注册、资讯热点、4 个推荐基金、热销基金、广告、理财课堂、小工具、基民论坛、关于浙方、友情链接、版权信息、版本号等。

基金产品页：客户点击相对应的基金产品即可跳转到所点击的基金详情页当中，里面还包括了热门板块、特色选基等。

基金详情页：客户点击相关的基金即可查看详细信息，比如基本信息、基金经理、基金概况、持仓情况、产品公告等，客户还可以将基金商品加入购物车进行购买。详情页中还包括了相关文章及高级搜索等功能。

尊享理财页：只有会员用户才能进入此页，这个页面的理财产品专门为会员客户提供。

理财课堂页：主要有介绍视频课堂、电台课堂、新手入门、投资进阶等内容。

基民论坛页：用户可以通过浏览论坛、发帖、评论来学习基金知识，交流购买基金的心得。

关于浙方页：介绍浙方基金有限公司的基本情况、历史、联系方式等。

用户登录页：提供用户注册、登录的功能。

网站的头部与底部都是统一布置的，头部主要有用户登录与注册、导航栏、高级搜索等；底部主要有友情链接、版权信息、版本号等。

第二节　系统分析

系统分析的目的是完成对项目整体架构的规划、开发文档规范的制定及开发团队技术的保障和支持，使项目能够满足扩展性、安全性等多方面的要求，降低项目上线后可能引发的问题。做好系统分析，可以有效地控制开发成本、保证项目质量并满足客户的要求。

一、网站一级栏目和二级栏目图

在一个网站中，由于其所包括的内容比较多，为便于浏览，一般会将整个网站或网页的主要内容划分成若干板块，每个板块在网页中的体现方式就是栏目，相当于整个网站的导航。其中，最主要内容的板块一般叫作一级栏目，在一级栏目下的子栏目就是二级栏目。

如图3-1所示，浙方基金网站设置了六个一级栏目，分别为：首页、基金产品、尊享理财、理财课堂、基民论坛、关于浙方，另外包括三个网页：登录页、文章页、基金详情页。

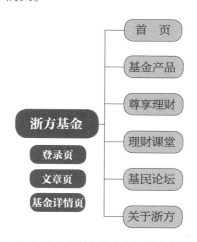

图3-1　"浙方基金"网站框架

二、网站各页面设计布局

浙方基金网站首页、基金产品页、尊享理财页、理财课堂页、基民论坛页、关于浙方页、基金详情页、用户登录页的设计布局如图 3-2 至图 3-9 所示。

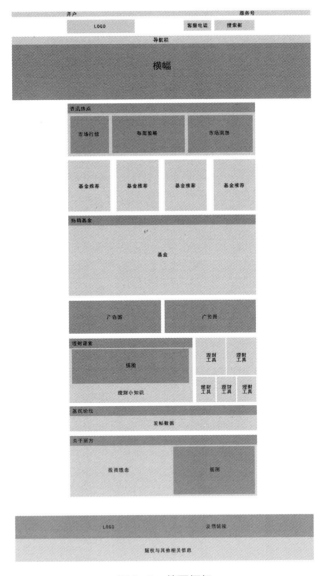

图 3-2　首页框架

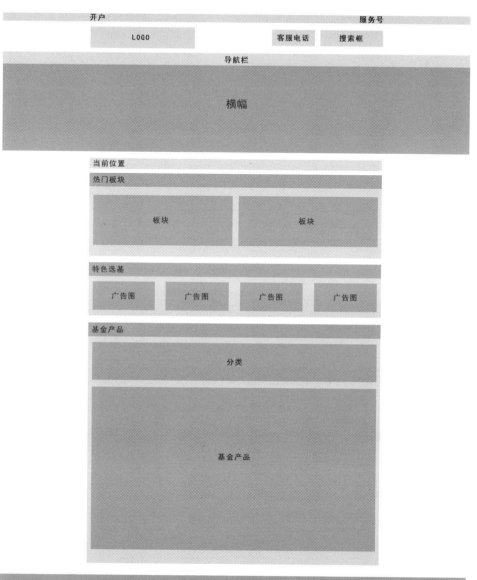

图 3-3 基金产品页框架

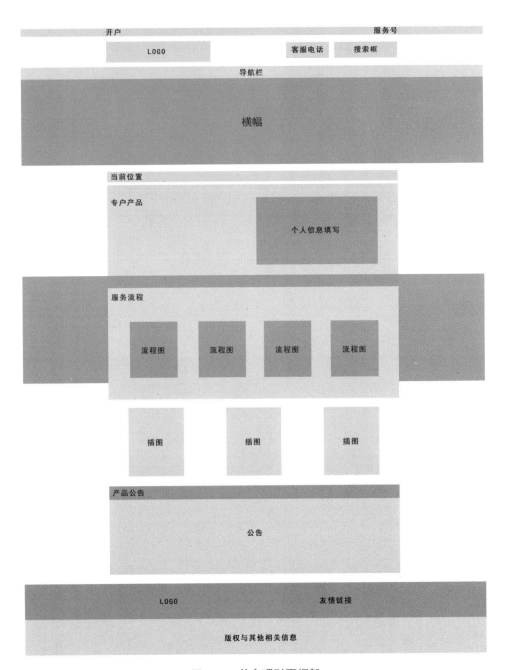

图 3-4 尊享理财页框架

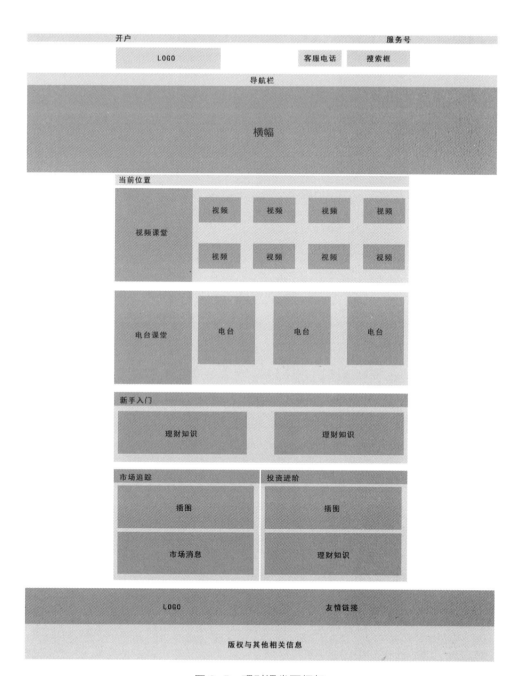

图 3-5 理财课堂页框架

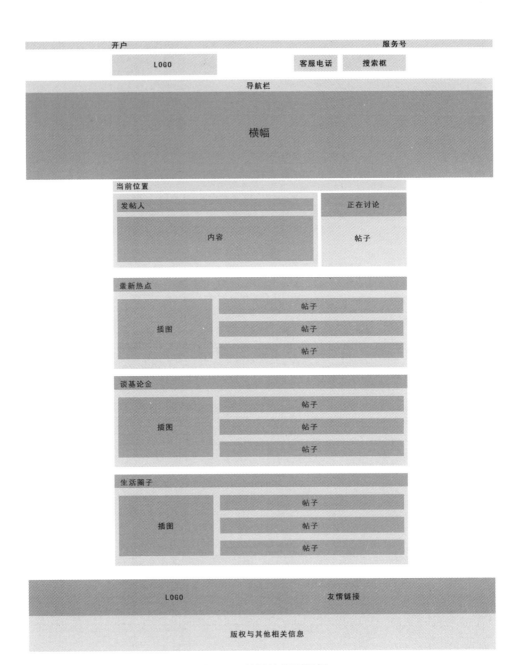

图 3-6 基民论坛页框架

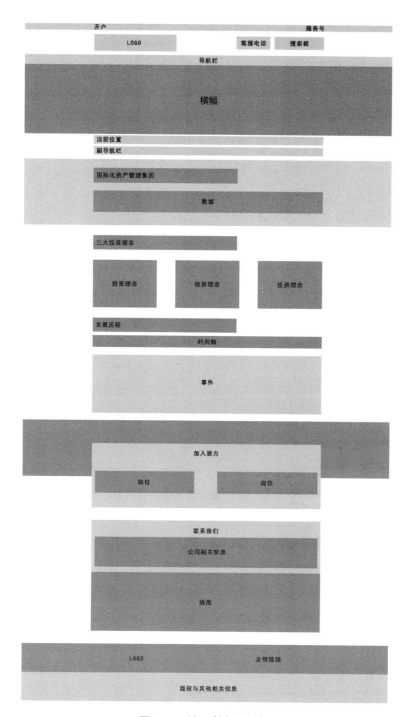

图 3-7　关于浙方页框架

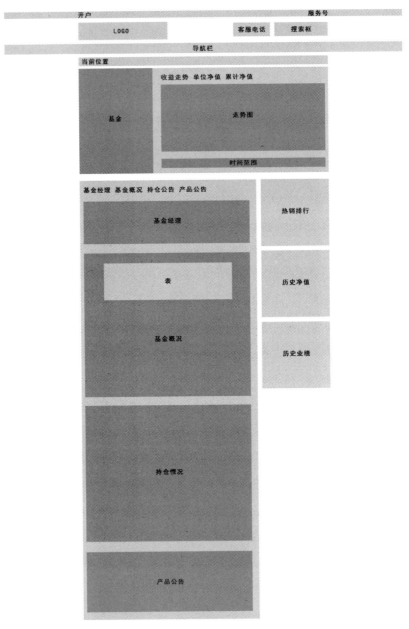

图 3-8　基金详情页框架

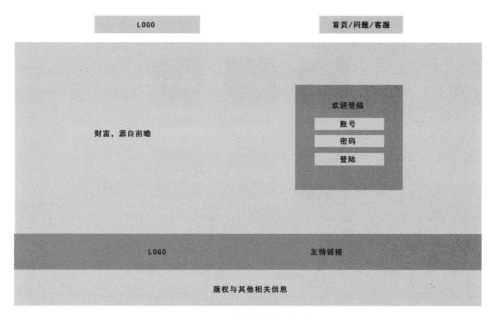

图 3-9 用户登录页框架

三、选择和搭配网站色彩

1. 浙方基金网站色彩的选择和搭配

浙方基金网站色调以红色为主。在互联网金融类网站里，红色代表希望与鼓舞，有好的寓意，更适合基金主题的网站。而偏褐的黄色与主色调红色比较协调，正好可作为网站标志（logo）的两种颜色，再搭配白色与灰色，就组成了网站主体的颜色基调。网站整体风格采用简洁明了的扁平化设计风格，去除冗余厚重的装饰效果，更简单直接地将信息和事物展示出来，条理清晰，减少认知障碍的产生。

图 3-10　网站配色

2．了解网站页面的色彩搭配

美观大方的网页颜色是树立网站形象的重要手段之一。美观的网站颜色，能使用户更容易接受网站的内容，给用户留下深刻的印象。

网页的颜色首先要考虑网页的主体色调风格，所有的页面设计都需要在这个风格色调下进行。同时网站中的图片、文字、链接、背景等设计元素都需要考虑到颜色和整体网页效果的搭配。

（1）色彩基础知识

颜色是由红、黄、蓝三种原色构成的，每种原色的值一般用两位十六进制数来表示，白色为 #FFFFFF，黑色为 #000000；网页色彩有冷暖的视觉感受，暖色有红、橙、黄，冷色有绿、蓝、蓝紫，中性色有黑、白、灰、紫等。在商业设计中：科技与时尚类的网站主色一般会选用蓝色，因为蓝色给人一种沉稳的感觉，具有智慧、准确的意象，同时也代表了浪漫和忧郁；而简约与高贵类的网站主色一般会选用黄色，因为黄色比较阳光，有轻快活泼的特点，象征着希望、光明、高贵、愉快。

（2）网站总体色彩规划

在设计网站效果图时，需要对网站的色彩进行总体的规划，对网页的颜色有整体的定位。所有网页效果的设计需要在这个整体的颜色定位下进行，其他颜色的使用需要与网页整体的风格相一致。

　　在确定了网站的色彩基调后，还要注意站点内容各栏目色彩的搭配原则。一般来说，需要吸引用户注意力的栏目应该使用鲜艳的颜色。不同的栏目之间应有一些颜色的对比，以增强网页色彩的层次感。

　　在页面色彩搭配上网页中主要内容文字用非彩色，边框、背景、图片等次要内容用彩色。这样，页面整体感觉很清爽但不单调，也不会给人眼花的感觉。网页里配色时，需要先确定网页的主色，然后根据主色确定搭配的颜色，即辅色。一个网页中的颜色尽量控制在 3 种以内，网站不要使用过多的颜色，背景与文本的颜色对比要强烈。

第四章

金融科技平台的设计

第一节　网站功能设计

我们以浙方基金网站为例，探讨金融科技平台网站的前、后端功能的设计（见图4-1）。

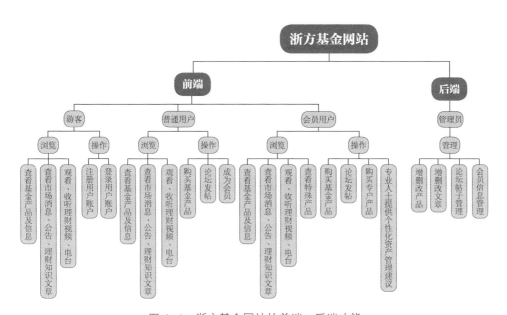

图 4-1　浙方基金网站的前端、后端功能

一、前端功能

网站的普通访客可以：（1）查看基金产品及信息；（2）查看市场消息、一般公告、理财知识等的具体内容；（3）观看理财视频、收听理财电台、学习理财知识。访客在浙方基金注册账户并登录后可以：（1）购买看好的基金产品；（2）在基民论坛发帖、看帖，与其他基民交流学习。基金公司对于成为会员，也就是专户的门槛很高，按照《基金管理公司特定客户资产管理业务试点办法》中"为单一客户办理特定资产管理业务的，客户委托的初始资产不得低于 3000 万元人民币"，所以会员的专属服务主要有：（1）购买专户产品，例如一些封闭式的基金；（2）有专业人士为会员用户提供个性化的资产管理建议；（3）查看只有会员能浏览的特殊报告；（4）管理会员信息。

二、后端功能

网站的管理员的工作是让服务器、应用、数据库能够彼此交互，并做好网站后期的维护。管理员主要进行如下管理：（1）增删改基金产品；（2）增删改文章；（3）管理论坛帖子；（4）管理会员信息。

第二节　网站美工设计

网页设计（Web design，又称为 Web UI design），是根据企业希望向浏览者传递的信息（包括产品、服务、理念、文化）进行网站功能策划，然后进行的页面设计美化工作。作为企业对外宣传物料的其中一种，精美的网页设计对于提升企业的互联网品牌形象至关重要。

网页设计一般分为三大类：功能型网页设计（服务网站及 B/S 软件用户端）、形象型网页设计（品牌形象网站）、信息型网页设计（门户网站）。应根据设计网页的目的不同，选择不同的网页策划与设计方案。

设计一个好的网页设计需要注意：

· 简易性。导航栏和页面是要让用户们方便使用、方便了解产品，减少用户选择错误的可能性。

· 一致性。整个网站的结构必须清晰且一致。

· 易用性。不管是网站设计还是手机 App 设计，需要让用户能够快速上手，简单又好看，达到方便用户的目的。

· 色彩的舒适度。好的设计看上去很统一、简洁，颜色搭配舒适，保护眼睛。

· 文字主次分明。任何设计的目的都是要传达信息，如果字体排放凌乱，文字大小、颜色没有区分度，间距、行距太小，就很难让访客找到他们需要的信息。所以文字每一个细节都很重要，至少要让别人看清楚文字是什么。

网站美工设计步骤：

· 分析网站功能与主题。

· 根据大纲策划一级、二级栏目。

· 制作网站各网页的框架图。

· 收集整理素材。

· 设计网页效果图。

· 设计交互效果。

· 与网站相关人员交流沟通。

· 制作网页切片。

网站美工设计的软件很多，本书选择 Photoshop 作为基础网页设计工具。

一、收集和整理素材

分析完网站的功能、确定了网站所需要的模块之后，通过与网站相关人员的沟通交流，就可以根据网站相应的功能模块去收集相关图片、文章、视频及专业数据等资料。

1. 图片的收集

网站的图片素材一般包括：横幅（Banner）、矢量图标、一般插图、背景图等几类。可以在花瓣网、千图网、阿里巴巴图标网等互联网图片素材网站进行图片下载，但因互联网上的大部分图片素材有版权或购买限制，所以也可以在 Photoshop、Illustrator 等设计软件制作原创的图片或对一些基础图片进行二次编辑，将自己设计的图片用作素材。一般图片格式为 jpg、png、gif。

2. 文章的收集

根据不同类型的网站里的不同功能模块，收集的文章也有所不同，浙方基金作为基金门户网站，其收录的文章包括与金融相关的最新资讯、重要新闻、理财知识、购买策略等。基金知识、购买策略这类文章一般都由相关专业人员撰写，而最新热点资讯、重要新闻这类文章可以在新榜、百度指数、钛媒体、微博热搜等网络热点追踪平台进行查找和转载。

3. 视频的收集

与文章的收集大同小异，根据不同网站的不同模块设置，收集宣传片、新闻视频、理财知识、策略视频等，可以由甲方相关人员拍摄提供，也可以在网络上收集并在获得版权后转载，还可以利用 Premiere Pro、会声会影等软件对视频进行剪辑处理。H5 支持的视频格式为 H.264 压缩的 mp4、webm、ogg 三种格式。

4. 专业数据的收集

专业数据的收集比图片、文章、视频的收集更有难度，例如基金、股票的数据，可以在天天基金、同花顺、基金门户网站上搜索到，若是没有接触过金融方面的知识，一定要与网站相关人员进行详细的沟通，或者让甲方专业人员来收集、整理和提供数据。

5. 素材整理

对图片、文字、视频等资料分类进行整理。例如：网站根文件夹下

images 文件夹存放网页界面图片，text 文件夹存放文字素材，flash 文件夹存放动画素材等。请注意：所有素材的文件名都必须是非中文字符，并且要做到看到文件名就知道是哪个文件。

6. 版权问题

素材使用要注意版权。版权，亦称"著作权"，符号为©，指作者或其他人（包括法人）依法对某一著作物享有的权利。商业网站制作中所收集的所有素材，都应注意版权问题，除了图片、文章、视频、音乐、数据，还包括网站的设计、字体、其他非法转载等。

二、设计标识（logo）

logo 是徽标或者商标的英文 LOGOtype 的缩写，起到对徽标拥有公司进行识别和推广的作用，形象的 logo 可以让消费者记住公司名称和品牌文化。网络中的 logo 主要是各个网站用来与其他网站链接的图形标志，代表一个网站或网站的一个板块。浙方基金的 logo 如图 4-2 所示。

图 4-2　浙方基金 logo

浙方基金的 logo 由象征着丰收的麦穗变形而来，左边由上到下变短的三粒麦子与右边由上到下变长的三粒麦子互相交错，组成略微抽象而又充满金融商务气息的麦穗，红色与黄色的使用也正好符合互联网金融的主题。"财富，源自前瞻"是浙方基金公司的信条，也是人们理财、买基金的最主要的理由之一，做理财买基金是为人们的资产做规划，为之后的人生做打算，眼光放长远才能不断提高生活的品质。

三、设计美工效果图

在设计过程中如果遇到困难，要及时与前后端开发人员交流沟通，设计完一张网页后就交与网站甲方相关人员审核，待甲方提出意见后参考修改。浙方基金网站首页、基金产品页、尊享理财页、理财课堂页、基民论坛页、关于浙方页、基金详情页、用户登录页的美工效果图见图 4-3 至图 4-10。

图 4-3　首页效果

图 4-4 基金产品页效果

图 4-5　尊享理财页效果

图 4-6 理财课堂页效果

图 4-7　基民论坛页效果

图 4-8　关于浙方页效果

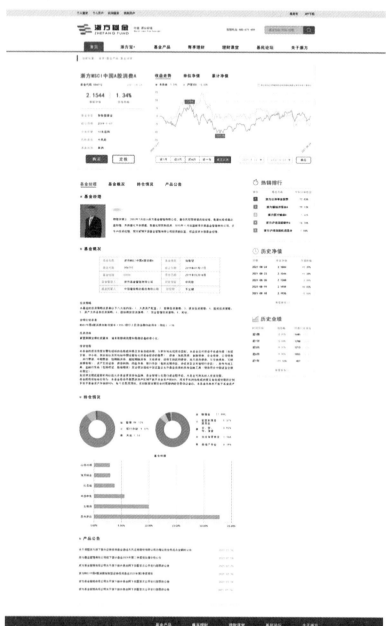

图 4-9　基金详情页效果

图4-10　用户登录页效果

1. 切片得到图片素材

为了在开发网站时做到网站图片素材的统一，需要在完成美工效果图的基础上，对效果图的图片素材进行切片。下面以理财课堂页的美工效果图为例进行说明。

（1）在Photoshop中打开理财课堂页的美工效果图，对想要切片的图片做好格式分类。为了更准确地切片，要对其画参考线，框定切片范围（见图4-11）。

图 4-11　选择分类切片图片

（2）找到左侧工具栏中"裁剪工具"下的"切片工具"（见图 4-12）。

图 4-12　选择"切片工具"

（3）使用"切片工具"，按住鼠标左键，按照已划定的参考线对图片进行切片（见图 4-13、图 4-14）。

图 4-13　切片横幅

图 4-14 切片"播放量""收听数"小图标

（4）切片完成后，找到菜单栏"文件"→"导出"→"存储为 Web 所用格式（旧版）"（见图 4-15）。

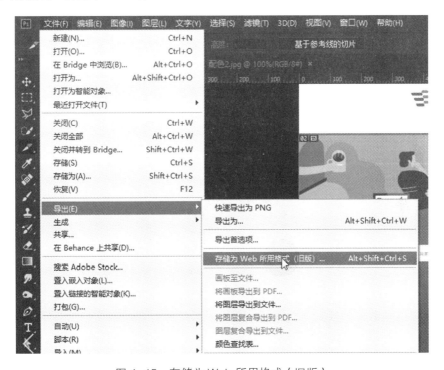

图 4-15 存储为 Web 所用格式（旧版）

（5）在"存储为 Web 所用格式（旧版）"界面中，在左侧预览图中单击选中"Banner 图片"，右侧"预设"图片格式改为 JPEG（见图 4-16）。

图 4-16 更改"Banner"切片导出格式

在左侧预览图中框选"播放量"和"收听数"小图标，将右侧"预设"图片格式改为 GIF（见图 4-17）。

图 4-17 更改"播放量""收听数"小图标切片导出格式

（6）切片格式选择完成后，点击"存储"，选择要保存切片的路径，并注意需将"切片"改为"所有用户切片""格式"改为"仅限图像"（见图4-18）。

图4-18 保存导出切片

（7）保存后，切好的相应格式的图片会保存在我们所选择的路径下的"images"文件夹里。

有时候不同种类的图片素材也有不同的切片图片格式，表4-1列出了JPG、PNG、GIF三种图片格式的优缺点，切片时可根据需求来选择合适的图片格式。

表4-1 各种图片格式的优缺点比较

图片格式	优点	缺点
JPG（自然风景照片类图片例如Banner）	色彩还原好，体积不是很大	不支持透明
PNG（透明图）	清晰，无损压缩，支持透明（透明效果比GIF好）	不如JPG的颜色丰富，体积略大于JPG
GIF（适用于单调色彩，没有渐变色的图）	体积小，支持动画，支持透明	色彩效果最差

网页的打开速度与服务器的响应速度和网页的大小有关，如果图片太大，加载时间就长。但在制作网页切片时，图片的格式还是需要根据自身的需求来设置，我们的最终目的是提高网页的加载速度，并改善用户的浏览体验。

第三节　网站数据库设计

一、编写目的

数据库是网站的重要组成部分，即使使用了 WordPress，在开发一些功能的时候仍然是需要自己去设计数据库的。下面是在开发浙方基金网站时除 WordPress 自带的数据库外所需要的其他数据库。

二、数据库环境说明

数据库采用 MySQL 数据库管理系统。超级用户管理员用户名为 root，为了学习方便，密码为空，MySQL 服务端口为 3306。

三、数据库命名规则

数据库表命名规则为：与基金有关的所有表以 fund_ 开头，后面跟着英文单词，单词间用下划线 "_" 隔开，如浙方基金数据表名称为：fund_data_sheet。其他表以 zfjj_ 开头，后面跟英文单词，单词间用下划线 "_" 隔开，如用户表名称为：zfjj_users。

四、数据库的实施

基于 MySQL，数据库名称为 zfjj，有 WordPress 默认表、基金数据表

（fund_data_sheet）、基金库存表（fund_inventory）、基金交易表（fund_transaction）、用户信息表（zfjj_users）、用户钱包（zfjj_users_wallet）共17个表，其中有 WordPress 默认表12个。数据库表的功能见表4-2。

表4-2 数据库表的功能

序号	表名	功能
1	fund_data_sheet	存储所有的基金数据
2	fund_inventory	记录基金的库存
3	fund_transaction	记录用户买卖基金的交易
4	zfjj_users	存储用户数据
5	zff_users_wallet	记录用户资金余额

系统的数据库物理模型如图4-19所示。

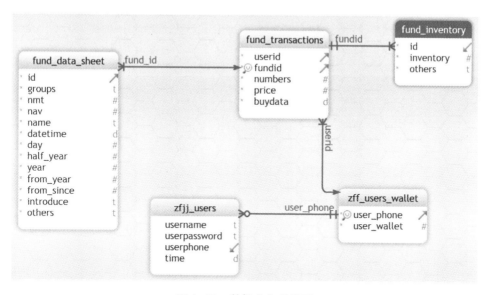

图4-19 数据库物理模型

五、各数据库表的信息

浙方基金网站中除了 WordPress 默认表以外的基金数据（fund_data_

sheet）、基金库存（fund_inventory）、基金交易（fund_transaction）、用户信息（zfjj_users）、用户钱包（zfjj_users_wallet）5 张表的结构见表 4-3 至表 4-7。

表 4-3　基金数据表结构

序号	中文描述	字段名	类型及精度	数据说明
1	基金代码	fund_id	varchar（10）	Not null
2	基金分组	fund_groups	varchar（20）	Not null
3	累计净值	fund_nmt	float	
4	单位净值	fund_nav	float	
5	基金名称	fund_name	varchar（40）	Not null
6	净值日期	fund_datetime	date	
7	日涨跌幅	fund_day	float	
8	最近半年涨跌幅	fund_half_year	float	
9	最近一年涨跌幅	fund_year	float	
10	今年以来涨跌幅	fund_from_year	float	
11	成立以来涨跌幅	fund_from_since	float	
12	基金介绍	fund_introduce	text	首页展示用
13	其他	fund_others	text	

表 4-4　基金库存表结构

序号	中文描述	字段名	类型及精度	数据说明
1	基金代码	id	varchar（10）	Not null
2	基金库存	inventory	Double	Not null
3	其他	others	Text	

60

表 4-5　基金交易表结构

序号	中文描述	字段名	类型及精度	数据说明
1	用户手机号	userid	varchar（20）	Not null
2	基金代码	fundid	varchar（10）	Not null
3	交易份额	numbers	float	
4	交易单价	price	float	
5	交易时间	buydata	date	

表 4-6　用户信息表结构

序号	中文描述	字段名	类型及精度	数据说明
1	用户名称	username	text	Not null
2	用户密码	userpassword	text	Not null
3	用户手机号	userphone	Varchar（30）	Not null
4	注册时间	time	date	

表 4-7　用户钱包表结构

序号	中文描述	字段名	类型及精度	数据说明
1	用户手机号	user_phone	text	Not null
2	用户钱包余额	user_wallet	double	Not null

第五章

金融科技平台的开发

第一节　制作网站的准备工作

一、规范文件夹结构

文件夹结构，也就是目录结构。在网站准备阶段，一定要对 HTML 文件、css 文件和 js 文件在文件夹中的位置有一个清晰的认知。

以浙方基金网站为例，需要有一个根目录文件夹（zhefang_fund），在根目录下存放所有的 HTML 文件、css 文件夹、img 文件夹和 js 文件夹，之后接触到的 Bootstrap 文件夹也将放到根目录中。在网站制作的过程中所需要的所有 css 文件、js 文件和图片文件都放入相应的文件夹内（见图 5–1）。

值得注意的有两点：第一是所有的文件都是由英文字母、阿拉伯数字和非特殊符号组成，不应该出现中文和特殊字符，这主要是为了避免 HTML 文件被浏览器识别的过程中出现不必要的兼容问题。第二是文件夹的结构没有固定的格式，各个文件夹的命名也不做强制化要求（一般将放置 css 文件的文件夹命名为 css 或 style，将放置图片文件的文件夹命名为 img、image 或者 images）。

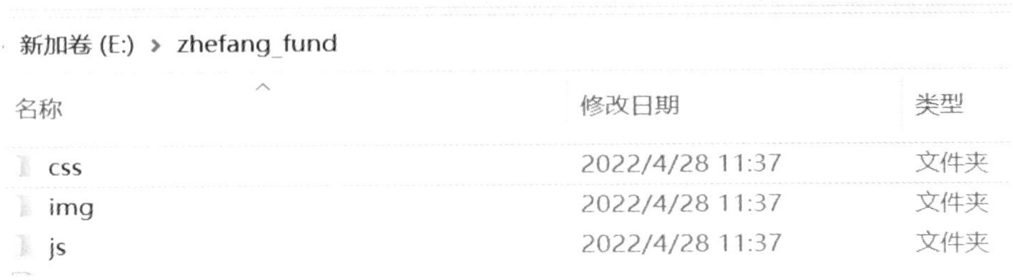

图 5-1　网站根目录文件夹 zhefang_fund 的结构

文件名和文件夹结构虽然没有强制要求，但也应该遵守网站目录搭建的客观规律，以清晰明了为佳，避免特立独行。

二、了解 Bootstrap

1. Bootstrap 的认识

Bootstrap 是美国推特（Twitter）公司基于 HTML、CSS、JavaScript 所开发的简洁、直观、强大的前端开发框架，它使 Web 开发更加快捷。Bootstrap 提供了优雅的 HTML 和 CSS 规范，它由动态 CSS 语言 Less 写成。Bootstrap 一经推出后就颇受欢迎，一直是 GitHub 上的热门开源项目，包括美国航空航天局（NASA）及微软全国广播公司（MSNBC）的"Breaking News"节目都使用了该项目。国内一些移动开发者较为熟悉的框架，如 WeX5 前端开源框架等，也是基于 Bootstrap 源码进行性能优化而来。

在 Bootstrap v3 中文网站，首页中有这样一句话："Bootstrap 是最受欢迎的 HTML、CSS 和 JS 框架，用于开发响应式布局、移动设备优先的 WEB 项目。"

Bootstrap 不是一个软件、也不是一个程序，它是一个已经打好代码的 CSS 文件和 JS 文件的文件夹。

那为什么要用 Bootstrap？理由很简单，Bootstrap 可以用一份代码同时实现网页适配手机、平板和电脑屏幕。而且 Bootstrap 提供了非常多的常见的 HTML 元素。Bootstrap 是为所有开发者、所有应用场景而设计的，它让前端开发更快速、简单，所有开发者都能快速上手、所有设备都可以适配、所有项目都适用。

在后续的学习中，我们可以发现，不用 Bootstrap 和其他框架，同样可以实现响应式网站的制作，不过那将花费大量的时间和精力，而包括 Bootstrap 在内的一系列框架正是帮助我们节省时间和精力的重要工具。

Bootstrap 目前的版本也有很多，截至 2022 年 4 月，Bootstrap 已经出到 5.1 版本，但是考虑到使用人数和兼容性的问题，本项目选择使用 3 代的版本。

Bootstrap 包中提供的内容包括基本结构、CSS、布局组件、JavaScript 插件等，具体功能如下：

（1）基本结构：Bootstrap 提供了一个带有网格系统 、链接样式、背景的基本结构。

（2）CSS：Bootstrap 自带全局的 CSS 设置、定义基本的 HTML 元素样式、可以扩展的 class，以及一个先进的栅格系统。

（3）布局组件：Bootstrap 包含了不少可重用的组件，用于创建图像、下拉菜单、导航、警告框、弹出框等。

（4）JavaScript 插件：Bootstrap 包含了不少自定义的 jQuery 插件，它可以直接包含所有的插件，也可以逐个包含这些插件。

（5）定制：开发人员可以定制 Bootstrap 的组件、Less 变量和 jQuery 插件来得到一套自定义的版本。

使用 Bootstrap 可以构建出非常优雅的前端界面，并且占用资源非常小，它的优势如下：

（1）移动设备优先。

（2）浏览器支持：支持主流浏览器 IE、Chrome、Firefox、Safari 等。

（3）上手容易：学习 Bootstrap，只需具备 HTML 和 CSS 等基础知识。

（4）响应式设计：用 Bootstrap 制作的网站能够自适应于台式机、平板电脑和手机的屏幕大小。

（5）代码规范：为开发人员创建接口提供了一个简洁、统一的解决方案，减少测试工作量，提高工作效率。

（6）组件：包含了功能强大的内置组件，甚至还可以定制。

2. Bootstrap 的下载

Bootstrap 的下载十分简单，可以选择在 GitHub 中直接找到官方的 Bootstrap 项目进行下载，也可以在 Bootstrap 官方网站进行下载。出于访问速度、下载速度等因素的考虑，这里推荐在 Bootstrap 中文网进行下载，并以此为例。

首先需要打开 Bootstrap v3 版本中文网站，在首页中即可看见"下载 Bootstrap"的按钮（见图 5-2）。

图 5-2　Bootstrap v3 中文网首页

点击"下载 Bootstrap"的按钮后，网页就会转到下载链接，这里网站提供了 3 个下载链接，需要下载的是中间的那个 Bootstrap 源码（见图 5-3）。

图 5-3　下载链接

点击"下载源码"后就可以得到一个名为"bootstrap-3.4.1.zip"的压缩包[①] 其中的 3.4.1 为当前版本号。

3. Bootstrap 的引用

（1）bootstrap 文件夹

Bootstrap 下载完成以后，可以看到 bootstrap 压缩包中有非常多的文件，这些文件并不都是需要的，浙方基金项目所需要的文件并不多。

解压压缩包 bootstrap-3.4.1.zip，可以在 dist 文件夹中看到所需要的三个最为重要的文件夹，dist 是 distributable 的简写，指的是存储文件的目录，可以被其他人直接使用，而不需要编译或缩小被重用的源代码（见图 5-4）。

名称	修改日期	类型	大小
☑ dist	2022/5/1 10:53	文件夹	
docs	2022/5/1 10:53	文件夹	
fonts	2022/5/1 10:53	文件夹	
grunt	2022/5/1 10:53	文件夹	
js	2022/5/1 10:53	文件夹	
less	2022/5/1 10:53	文件夹	
nuget	2022/5/1 10:53	文件夹	
.editorconfig	2019/2/13 23:55	EDITORCONFIG 文件	1 KB
.gitattributes	2019/2/13 23:55	文本文档	1 KB
.gitignore	2019/2/13 23:55	文本文档	1 KB
.travis.yml	2019/2/13 23:55	YML 文件	1 KB
_config.yml	2019/2/13 23:55	YML 文件	2 KB
bower.json	2019/2/13 23:55	JSON 文件	1 KB
CHANGELOG.md	2019/2/13 23:55	MD 文件	1 KB
CNAME	2019/2/13 23:55	文件	1 KB
composer.json	2019/2/13 23:55	JSON 文件	1 KB
CONTRIBUTING.md	2019/2/13 23:55	MD 文件	14 KB
Gemfile	2019/2/13 23:55	文件	1 KB
Gemfile.lock	2019/2/13 23:55	LOCK 文件	2 KB
Gruntfile.js	2019/2/13 23:55	JavaScript 文件	12 KB
ISSUE TEMPLATE.md	2019/2/13 23:55	MD 文件	2 KB

图 5-4 解压 bootstrap-3.4.1.zip 后的件夹

[①] 相关网址如下：GitHub 里的 Bootstrap 项目：https://github.com/twbs/bootstrap；
Bootstrap 官方网站：https://getbootstrap.com/docs/3.4/；
Bootstrapv3 中文网：https://v3.bootcss.com/。

在 dist 文件夹里的 css 文件夹中（见图 5-5），只需要保留 bootstrap.css 或者 bootstrap.min.css 中的任意一个即可，这两个文件中的内容可以实现的效果完全相同，不过 bootstrap.min.css 通过压缩，大大减少了网络数据传输量，使之更快更节约流量；不过对于初学者，建议使用不经压缩的 bootstrap.css，因为 bootstrap.min.css 文件打开之后，代码挤在一起，几乎没办法阅读，而 bootstrap.css 可以清楚地查看代码，方便阅读和学习。

新加卷 (E:) › 金融科技平台运维 › 相关软件 › bootstrap-3.4.1 › dist › css			
名称	修改日期	类型	大小
bootstrap.css	2019/2/13 23:55	层叠样式表文档	143 KB
bootstrap.css.map	2019/2/13 23:55	MAP 文件	382 KB
bootstrap.min.css	2019/2/13 23:55	层叠样式表文档	119 KB
bootstrap.min.css.map	2019/2/13 23:55	MAP 文件	528 KB
bootstrap-theme.css	2019/2/13 23:55	层叠样式表文档	26 KB
bootstrap-theme.css.map	2019/2/13 23:55	MAP 文件	47 KB
bootstrap-theme.min.css	2019/2/13 23:55	层叠样式表文档	23 KB
bootstrap-theme.min.css.map	2019/2/13 23:55	MAP 文件	74 KB

图 5-5　dist 文件夹中 css 文件夹中的文件

同理，js 文件夹中也只需要保留 bootstrap.js 或者 bootstrap.min.js 中的一个，不过还需要从 bootstrap-3.4.1\js\tests\vendor 中将 jquery.min.js 复制一份到 js 文件夹里，方便引用和管理。

dist 文件夹中的 fonts 文件夹可以不用处理，里面提供了很多常用的图标。之后就可以把 dist 文件夹改名为 bootstrap，放到之前创建的网站文件夹 zhefang_fund 中（见图 5-6）。

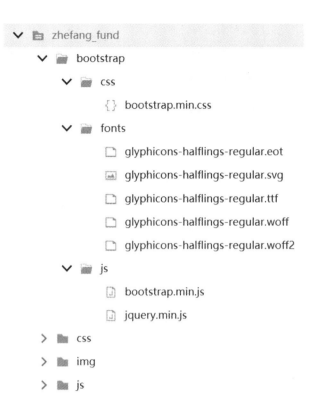

图 5-6　放在网站文件夹 zhefang_fund 里的 bootstrap 文件夹

（2）Bootstrap 引用流程

在引用 Bootstrap 之前，需要在根目录下创造好自己的网页，一般是以 index.html 作为网站的第一个网页。

```
<meta charset="utf-8">
<meta http-equiv="X-UA-Compatible" content="IE=edge">
<meta name="viewport" content="width=device-width, initial-scale=1">
```

首先在 <head></head> 标签的最前面必须输入上述 3 个 meta 标签，任何其他内容都必须跟随其后。

然后再连接到 bootstrap 的 css 文件，值得注意的是，bootstrap.min. css 和 bootstrap.css 可以实现的内容并没有区别，因为 bootstrap.min.css 文件体积相对较小，这里选择引用 bootstrap.min.css。

```
<link rel="stylesheet" type="text/css" href="bootstrap/css/bootstrap.min.css"/>
```

在此之后可以引用例如 style.css 之类的其他 css。

```
<link rel="stylesheet" type="text/css" href="css/style.css">
```

对于 JavaScript 代码的引用，首先必须先引用 jQuery，这是因为 Bootstrap 的所有 JavaScript 插件都依赖 jQuery，所以必须放在前面。

```
<script src="bootstrap/js/jquery.min.js" type="text/javascript" charset="utf-8"></script>
```

加载 Bootstrap 的所有 JavaScript 插件。也可以根据需要只加载单个插件。

```
<script src="bootstrap/js/bootstrap.min.js" type="text/javascript" charset="utf-8"></script>
<script src="js/index.js" type="text/javascript" charset="utf-8"></script>
```

除了引用本地的 Bootstrap 相关文件，网络中也为 Bootstrap 的 CSS 和 JavaScript 文件提供了 CDN 的支持。直接使用这些 Bootstrap CDN 提供的链接即可连接到 Bootstrap 网络中的 CSS 和 JavaScript 文件。

三、准备制作网页

在下载、安装、引入 Bootstrap 这一系列操作结束之后，需要在网站文件夹 zhefang_fund 里新建 css 文件夹和 js 文件夹，分别用来存放网站的 .css 文件和 .js 文件，同时在 img 文件夹中放入 index.html 及其他网站中所需要的所有图片。

```
<link rel="shortcut icon" type="images/x-icon" href="img/icon.png">
```

该语句是为了在网页打开时标签浮现定义好的图标。具体的方法是把 logo 调整为 36×36 像素、背景为透明色的 png 文件，放入 img 文件夹中。再在 <head></head> 标签内写入上述语句即可。

Bootstrap、图标文件、css 文件、js 文件等引用完成后的网站首页代码见图 5-7。

```
index.html
1    <!doctype html>
2    <html>
3        <head>
4            <meta charset="utf-8">
5            <meta http-equiv="X-UA-Compatible" content="IE=edge">
6            <meta name="viewport" content="width=device-width, initial-scale=1">
7            <!-- 上述3个meta标签*必须*放在最前面，任何其他内容都*必须*跟随其后！ -->
8            <title>浙方基金</title>
9            <!-- 引用bootstrap的样式文件bootstrap.min.css -->
10           <link rel="stylesheet" type="text/css" href="bootstrap/css/bootstrap.min.css" />
11           <!-- 引用网站的通用样式文件style.css -->
12           <link rel="stylesheet" type="text/css" href="css/style.css">
13           <!-- 引用网站首页的样式文件index.css -->
14           <link rel="stylesheet" type="text/css" href="css/index.css" />
15           <!-- 给网站首页添加图标文件icon.png -->
16           <link rel="shortcut icon" type="images/x-icon" href="img/icon.png">
17       </head>
18       <body>
19           <!-- 加载Bootstrap的jQuery文件jquery.min.js。（Bootstrap 的所有 JavaScript 插件都依赖 jQuery，所以必须放在前边）-->
20           <script src="bootstrap/js/jquery.min.js"
21               type="text/javascript" charset="utf-8"></script>
22           <!-- 加载 Bootstrap 的所有 JavaScript 插件bootstrap.min.js -->
23           <script src="bootstrap/js/bootstrap.min.js"
24               type="text/javascript" charset="utf-8"></script>
25           <!-- 加载 网站首页的js文件index.js -->
26           <script src="js/index.js" type="text/javascript"
27               charset="utf-8"></script>
28       </body>
```

图 5-7 Bootstrap、图标、css 和 js 等文件引用完成后的网站首页代码

在 Bootstrap 的默认样式中，当浏览器的宽度大于等于 1200 像素时，版心的宽度为 1170 像素，而浙方基金网页的版心宽度为 1200 像素，因此需要重写 Bootstrap 中的 .container 在大于 1200 像素时的宽度。具体 css 代码如下：

```
/* 重写 bootstrap 里的 cont*/
@media(min-width:1200px){
    .container{
        width:1200px
    }
}
```

开始制作网页之前，应该先提前划分首页的模块，将网页制作流程模块化。

```
<body>
    <!-- 头部 开始 -->
    <header id="index_header">
    </header>
    <!-- 头部 结束 -->

    <!-- 轮播图 开始 -->
    <section id="index_carousel">
```

```
    </section>
    <!-- 轮播图 结束 -->

    <!-- 热点资讯 开始 -->
    <section id="index_hotspot">
    </section>
    <!-- 热点资讯 结束 -->

    <!-- 四大模块 -->
    <section id="index_panel">
    </section>
    <!-- 四大模块 结束 -->

    <!-- 热销基金 开始 -->
    <section id="index_product">
    </section>
    <!-- 热销基金 结束 -->

    <!-- 广告 开始 -->
    <section id="index_advert">
    </section>
    <!-- 广告 结束 -->

    <!-- 理财课堂 开始 -->
    <section id="index_course">
    </section>
    <!-- 理财课堂 结束 -->

    <!-- 基民论坛 开始 -->
    <section id="index_forum">
    </section>
    <!-- 基民论坛 结束 -->

    <!-- 关于浙方 开始 -->
    <div id="index_about">
    </div>
    <br />
    <!-- 关于浙方 结束 -->

    <!-- 底部 开始 -->
    <footer id="index_footer">
    </footer>
    <!-- 底部 结束 -->

    <script src="bootstrap/js/jquery.min.js" type="text/javascript" charset="utf-8"></script>
    <script src="bootstrap/js/bootstrap.min.js" type="text/javascript" charset="utf-8"></script>
    <script src="js/index.js" type="text/javascript" charset="utf-8"></script>
</body>
```

第二节　认识响应式网站

一、JavaScript

JavaScript 是属于 HTML 和 Web 的编程语言，编程可以让计算机自动完成需要它们做的工作。浙方基金的静态响应式网站中所需要的 JavaScript 代码并不多。

JavaScript 的主要特点如下：

（1）JavaScript 同时接受双引号和单引号。

（2）JavaScript 能够改变 HTML 属性和样式。

（3）JavaScript 可以隐藏和显示 HTML 元素。

在 HTML 中，JavaScript 代码必须位于 <script> 与 </script> 标签之间。<script> 与 </script> 标签可以放置在 HTML 页面的 <body> 或 <head> 中，或兼而有之。把脚本置于 <body> 元素的底部，可改善显示速度，因为脚本编译会让网页显示变慢。

二、栅格系统

Bootstrap 提供了一套响应式、移动设备优先的流式栅格系统，随着屏幕或视口（view port）尺寸的增加，系统会自动分为最多 12 列。栅格系统英文为"gridsystems"，也被称为"网格系统"，运用固定的格子设计版面布局，其风格工整简洁。

栅格系统通过一系列的行（row）与列（column）的组合来创建页面布局，后续添加的内容就可以放入这些创建好的布局中。下面介绍一下 Bootstrap 栅格系统的工作原理（见表 5-1）。

· 行（row）必须包含在 .container（固定宽度）或 .container-fluid（100% 宽度）中，以便为其赋予合适的排列（aligment）和内补（padding）。

- 通过行（row）在水平方向创建一组列（column）。

- 内容应当放置于列（column）内，并且，只有列（column）可以作为行（row）的直接子元素。

- 类似 .row 和 .col-xs-4 这种预定义的类，可以用来快速创建栅格布局。

- 通过为列（column）设置 padding 属性，从而创建列与列之间的间隔（gutter）。通过为 .row 元素设置负值 margin 从而抵消掉为 .container 元素设置的 padding，也就间接为行（row）所包含的列（column）抵消掉了 padding。

- 负值的 margin 会使内容向外突出。在栅格列中的内容排成一行。

- 栅格系统中的列是通过指定 1 到 12 的值来表示其跨越的范围。例如，三个等宽的列可以使用三个 .col-xs-4 来创建。

- 如果一行（row）中包含了的列（column）大于 12，多余的列（column）所在的元素将被作为一个整体另起一行排列。

- 栅格类适用于与屏幕宽度大于或等于分界点大小的设备，并且针对小屏幕设备覆盖栅格类。因此，在元素上应用任何 .col-md-* 栅格类适用于与屏幕宽度大于或等于分界点大小的设备，并且针对小屏幕设备覆盖栅格类。因此，在元素上应用任何 .col-lg-* 不存在，也影响大屏幕设备。

通过研究后面的实例，可以将这些原理应用到代码中。

表 5-1　Bootstrap 的栅格系统

项目	超小屏幕手机（＜ 768 像素）	小屏幕平板电脑（≥ 768 像素）	中等屏幕桌面显示器（≥ 992 像素）	大屏幕桌面显示器（≥ 1200 像素）
栅格系统行为	总是水平排列	开始是堆叠在一起的，当大于这些阈值时将变为水平排列		
.container 最大宽度	None（自动）	750 像素	970 像素	1170 像素
类前缀	.col-xs-	.col-sm-	.col-md-	.col-lg-
列（column）数	12			

续表

项目	超小屏幕手机 （＜768像素）	小屏幕平板电脑 （≥768像素）	中等屏幕桌面显示器 （≥992像素）	大屏幕桌面显示器 （≥1200像素）
最大列（column）宽	自动	62像素	81像素	97像素
槽（gutter）宽	30像素（每列左右均有15像素）			
可嵌套	是			
偏移（offsets）	是			
列排序	是			

浙方基金网站多处使用 Bootstrap 的栅格系统。值得注意的是，当屏幕宽度大于 1200 像素时，.container 的最大宽度为 1170 像素，而浙方基金项目要求此时的网页宽度为 1200 像素，可以在控制全局 css 样式的 style.css 中重构这一属性，而不是去修改 Bootstrap 原本的 css 文件。

三、响应式工具

为了加快对移动设备友好的页面开发工作，利用媒体查询功能并使用这些工具类，可以方便地针对不同设备展示或隐藏页面内容。另外，还包含了针对打印机显示或隐藏内容的工具类。

有针对性地使用这些工具类，可以避免为同一个网站创建完全不同的版本。相反，通过使用这些工具类，可以在不同设备上提供不同的展现形式。

通过单独或联合使用表 5-2 列出的类，可以针对不同屏幕尺寸隐藏或显示页面内容。

表 5-2　Bootstrap 的响应式工具

类组	超小屏幕手机 （＜768像素）	小屏幕平板电脑 （≥768像素）	中等屏幕桌面显示器 （≥992像素）	大屏幕桌面显示器 （≥1200像素）
.visible-xs-*	可见	隐藏	隐藏	隐藏
.visible-sm-*	隐藏	可见	隐藏	隐藏
.visible-md-*	隐藏	隐藏	可见	隐藏

续表

类组	超小屏幕手机 （＜768 像素）	小屏幕平板电脑 （≥768 像素）	中等屏幕桌面显示器 （≥992 像素）	大屏幕桌面显示器 （≥1200 像素）
.visible–lg–*	隐藏	隐藏	隐藏	可见
.hidden–xs	隐藏	可见	可见	可见
.hidden–sm	可见	隐藏	可见	可见
.hidden–md	可见	可见	隐藏	可见
.hidden–lg	可见	可见	可见	隐藏

从 v3.2.0 版本起，形如 .visible–*–* 的类针对每种屏幕大小都有了三种变体，每个变体针对 CSS 中不同的 display 属性（见表 5–3）。

表 5–3　Bootstrap 的每个针对 CSS 中不同的 display 属性

类组	CSS display
.visible–*–block	display:block;
.visible–*–inline	display:inline;
.visible–*–inline–block	display:inline–block;

因此，以超小屏幕（xs）为例，可用的 .visible–*–* 类是 .visible–xs–block、.visible–xs–inline 和 .visible–xs–inline–block。

.visible–xs、.visible–sm、.visible–md 和 .visible–lg 类也同时存在。但是从 v3.2.0 版本开始不再建议使用。除了 <table> 相关的元素的特殊情况外，它们与 .visible–*–block 大体相同。

由于 .visible–*–* 类对 CSS display 的类型有要求，所以浙方基金自适应网页的响应式工具均使用 .hidden–* 类。

四、媒体查询

媒体查询（media queries）非常实用，尤其是当我们想要根据设备的大致类型（如打印设备与带屏幕的设备）或者特定的特征和设备参数（例如屏幕分辨率和浏览器视窗宽度）来修改网站或应用程序时。使用媒体查询，可以针对不同的媒体类型定义不同的样式。

　　媒体可以针对不同的屏幕尺寸设置不同的样式，特别是如果需要设置设计响应式的页面，媒体查询是非常有用的。

　　在重置浏览器大小的过程中，页面也会根据浏览器的宽度和高度重新渲染页面。

　　媒体查询可以解决很多细致的网页自适应问题，浙方基金自适应网页中几乎每一处复杂的响应式变化都使用到了媒体查询"

$@media(min-width: 需要的页面宽度){...}$

五、CSS 选择器

　　要使用 CSS 对 HTML 页面中的元素实现一对一、一对多或者多对一的控制，这就需要用到 CSS 选择器。HTML 页面中的元素就是通过 CSS 选择器进行控制的，CSS 选择器用于选择想要的元素的样式的模式。

　　浙方基金自适应网页中表格和超链接大量使用了 CSS 选择器。较为常用的特殊 CSS 选择器见表 5–4。

表 5–4　CSS 部分选择器

选择器	例子	例子描述
:first–child	p:first–child	选择属于父元素的第一个子元素的每个 <p> 元素
:last–child	p:last–child	选择属于其父元素最后一个子元素的每个 <p> 元素
:nth–child(n)	p:nth–child(n)	选择属于其父元素的第 n 个子元素的每个 <p> 元素。n 为 odd 可以选择所有奇数行，为 even 是选择偶数行
:nth–last–child(n)	p:nth–last–child(2)	同上，从最后一个子元素开始计数
:nth–of–type(n)	p:nth–of–type(2)	选择属于其父元素第二个 <p> 元素的每个 <p> 元素
:nth–last–of–type(n)	p:nth–last–of–type(2)	同上，但是从最后一个子元素开始计数

第三节　制作网站统一的头部

在网页布局元素方面，网页的最上方的板块是一个重要的和战略性的部分，因为它是人们在滚动页面之前看到的网站介绍的第一秒。因此，头部应该是信息丰富的，提供关于整个网站的最重要的信息，以便用户可以在第一时间看到它。

由于网站的头部一般都是统一的，以使网站有统一的风格，也提高工作效率，所以在编写代码时，头部代码的样式全部放在 style.css 当中，同理将所有多个网页通用的样式也放在 style.css 里，以方便所有网页的引用。由于本网站使用响应式布局，头部的高度、宽度都会随着浏览器的大小变化而变化，因此在静态网页的制作过程中没有使用引用 head.html 的方法实现网站的所有网页头部统一，而是采用比较烦琐的统一 html 代码和引用统一 css 的方式实现网页头部的统一。

可访问 https://github.com/SkyWatchman/zhefang_fund，浏览浙方基金代码。

一、头部结构分析

在拿到效果图之后，一定要学会分析效果图。在正式的网站建设工作中，前端设计师会根据已经通过甲方认可的效果图，完美地制作出网页，因此在本项目中将尽可能地按效果图来制作网页，以达到设计师的设计效果。

响应式网站的各网页不同于静态网页，它需要根据用户的浏览器窗口去适时调整显示的内容。美工设计师在设计网页时，一般不会提供不同窗口宽度下的不同效果，网页前端的开发者同时也是设计者，必须自己根据网页的内容做出正确的取舍判断。在部分内容只会出现在大屏幕，或者有些内容只会出现在最小屏幕的情况下，如果没有效果图参考，取舍的决定权在网页前端设计师手中。

网页的头部可以分为三个部分——顶部快速导航栏、中部、底部（导航栏）。

顶部分为左右两个菜单，各自有不同的链接。中部分为左中右三部分，分别由 logo、客服电话、搜索框和搜索按钮组成。底部（导航栏）有 7 个不同的导航，其中激活的导航呈红底白字，其余呈现白底黑字，导航栏下方有一条通栏效果的水平线。

大屏幕头部效果图中包含网页头部所有信息：顶部、中部、底部（导航栏），如图 5-8 所示。

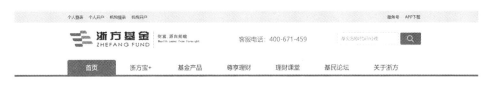

图 5-8　大屏幕头部效果

中等屏幕头部效果图和大屏幕效果图比较，少了中部的"客服电话：400-671-459"，顶部和底部（导航栏）没有变化（见图 5-9）。

图 5-9　中等屏幕头部效果

小屏幕头部效果图和中屏幕效果图比较，少了顶部、中部的搜索框和搜索按钮，底部（导航栏）没有变化（见图 5-10）。

图 5-10　小屏幕头部效果

超小屏幕头部效果图和小屏幕效果图比较，少了顶部、中部，底部（导航栏）折叠起来变成汉堡按钮，左边加了小的 logo（见图 5-11）。

图 5-11　超小屏幕头部效果

二、顶部快速导航栏

顶部快速导航栏代码如下：

```
<div class="top-bar hidden-sm hidden-xs text-center">
    <div class="con container">
        <ul class="top-bar-left">
            <li><a href="#"> 个人登录 </a></li>
            <li><a href="#"> 个人开户 </a></li>
            <li><a href="#"> 机构登录 </a></li>
            <li><a href="#"> 机构开户 </a></li>
        </ul>
        <ul class="top-bar-right">
            <li><a href="#"> 服务号 </a></li>
            <li><a href="#">APP 下载 </a></li>
        </ul>
    </div>
</div>
```

其中采用了流式布局容器，将外层的布局元素 .container 修改为 .container-fluid，就可以将固定宽度的栅格布局转换为 100% 宽度的布局。

使用 hidden-sm 和 hidden-xs 两个 bootstrap 的内置类，使顶部 div 在小于 992 像素时不显示。具体的显示设置见表 5-5。

表 5-5　具体显示设置

类组	超小屏幕手机 （< 768 像素）	小屏幕平板电脑 （≥ 768 像素）	中等屏幕桌面显示器 （≥ 992 像素）	大屏幕桌面显示器 （≥ 1200 像素）
.hidden-xs	隐藏	可见	可见	可见
.hidden-sm	可见	隐藏	可见	可见

续表

类组	超小屏幕手机 （＜768像素）	小屏幕平板电脑 （≥768像素）	中等屏幕桌面显示器 （≥992像素）	大屏幕桌面显示器 （≥1200像素）
.hidden-md	可见	可见	隐藏	可见
.hidden-lg	可见	可见	可见	隐藏

三、中部排版和搜索框

中部的左边是大 logo，中间是客服电话，这两者设计相对简单。其重点是右侧的搜索框。

搜索框代码如下：

```
<form class="navbar-form navbar-left"role="search">
    <div class="form-group">
        <input type="text"class="form-control search-box" placeholder=" 基金名称 / 代码 / 经理 "
name="s" id="s">
    </div>
    <button type="submit" class="btn btn-default">
        <img src="img/search.gif">
    </button>
</form>
```

整个搜索框是采用 Bootstrap 中文网提供的模板附加自己设计的 CSS 样式，其中将搜索按钮中原本的文字替换成了图片。

四、底部（导航栏）

底部（导航栏）采用自适应样式，在网页缩小时会将所有导航都折叠起来变成汉堡按钮 ≡ ，点击汉堡按钮，导航栏可以向下展开（见图 5-12）。

底部（导航栏）代码如下：

```
<!-- 下部分 -->
<nav class="navbar navbar-default navbar-static-top index-navbar">
    <div class="container index-navbar-box">
        <div class="navbar-header">
            <!-- 汉堡 / 三层 / 三线 按钮 -->
```

```
        <button type="button" class="navbar-toggle collapsed" data-toggle="collapse"data-
target="#index-nav" aria-expanded="false">
            <span class="sr-only">Toggle navigation</span>
            <span class="icon-bar"></span>
            <span class="icon-bar"></span>
            <span class="icon-bar"></span>
        </button>
        <a class="navbar-brand hidden-lg hidden-md hidden-sm" href="#">
            <img src="img/logo.png">
            <span> 浙方基金 </span>
        </a>
    </div>

    <div class="collapse navbar-collapse" id="index-nav">
        <ul class="nav navbar-nav">
            <li class="active">
                <a href="index.html"> 首页 <span class="sr-only"> (current)</span></a>
            </li>
            <li><a href="#"> 浙方宝 +</a></li>
            <li><a href="product.html"> 基金产品 </a></li>
            <li><a href="service.html"> 尊享理财 </a></li>
            <li><a href="course.html"> 理财课堂 </a></li>
            <li><a href="forum.html"> 基民论坛 </a></li>
            <li><a href="about.html"> 关于浙方 </a></li>
        </ul>
    </div>
    </div>
</nav>
```

图 5-12　头部导航栏折叠式汉堡按钮向下展开效果

　　网站统一的 CSS 代码，如头部（header）和底部（footer）的代码应该统一放在 style.css 中。

　　网站统一头部 CSS 代码如下：

```
/* 头部样式 开始 */
#index_header {
    background-color: white;
}
#index_header .top-bar {
    background-color: rgb(224, 224, 224);
    font-size: 13px;
    margin: 0 auto;
}
.top-bar a {
    color: #000000;
}
.con {
    margin: 0 auto;
    height: 35px;
    font-family: " 微软雅黑 ";
    font-size: 13px;
}
.top-bar .con .top-bar-left{
    float: left;
}
.top-bar .con .top-bar-right{
    float: right;
}
.top-bar .con .top-bar-left li,
.top-bar .con .top-bar-right li {
    margin-right: 18px;
    list-style-type: none;
}
.top-bar .con .top-bar-left li ,
.top-bar .con .top-bar-right li {
    float: left;
    margin-top: 8px;
}
.top-bar .con a {
    color: #000000;
}
.top-bar .con a:hover {
    text-decoration: none;
    color: red;
}
```

```
.top-bar .con ul {
    display: block;
    list-style-type: disc;
    padding-inline-start: 0px;
    /* 更改参数影响缩进 */
}
.top-bar .con ul li {
    display: list-item;
    text-align: -webkit-match-parent;
}
/* 头部中间部分 开始 */
.top-mid {
    height: 120px;
}
.top-mid-box {
    padding-top: 20px;
    height: 80px;
    margin: 0 auto;
}
.top-mid-1 {
    float: left;
}
.top-mid-1 img{
    display: block;
    width: 440px;
    margin: 0 auto;
}
@media screen and (min-width:768px) {
    .top-mid-1{
        width: 100%;
    }
}
@media screen and (min-width:992px) {
    .top-mid-1{
        width: 440px;
    }
}
.top-mid-1 img {
    margin: 0 auto;
}
.top-mid-2 span {
    float: left;
    margin-top: 20px;
    margin-left: 120px;
    color: #c12f24;
    font-family: " 微软雅黑 ";
    font-size: 20px;
}
```

```
.top-bar .con ul {
    display: block;
    list-style-type: disc;
    padding-inline-start: 0px;
    /* 更改参数影响缩进 */
}
.top-bar .con ul li {
    display: list-item;
    text-align: -webkit-match-parent;
}
/* 头部中间部分 开始 */
.top-mid {
    height: 120px;
}
.top-mid-box {
    padding-top: 20px;
    height: 80px;
    margin: 0 auto;
}
.top-mid-1 {
    float: left;
}
.top-mid-1 img{
    display: block;
    width: 440px;
    margin: 0 auto;
}
@media screen and (min-width:768px) {
    .top-mid-1{
        width: 100%;
    }
}
@media screen and (min-width:992px) {
    .top-mid-1{
        width: 440px;
    }
}
.top-mid-1 img {
    margin: 0 auto;
}
.top-mid-2 span {
    float: left;
    margin-top: 20px;
    margin-left: 120px;
    color: #c12f24;
    font-family: " 微软雅黑 ";
    font-size: 20px;
}
```

```
.top-mid-3 {
    float: right;
    padding-top: 5px;
}
.search-box {
    height: 40px;
}
/* 放大镜按钮设置 */
.top-mid-3 .navbar-form .btn {
    padding: 0;
    width: 70px;
    height: 40px;
    background-color: rgb(193, 47, 36);
}
button img {
    padding: 0;
    margin: 0 auto;
}
.main-color {
    color: #c12e24;
}
/* 导航条 nav*/
/* 缩小后的小 logo */
.navbar-brand img {
    float: left;
    height: 35px;
    margin-top: -8px;
}
.navbar-brand span {
    float: left;
    padding-left: 15px;
    font-size: 30px;
    font-family: "方正舒体";
    color: #555;
}
#index_header .index-navbar {
    background-color: #fff;
}
#index_header .index-navbar .index-navbar-box .navbar-nav {}

#index_header .index-navbar .navbar-nav a {
    height: 48px;
}
#index_header .index-navbar .navbar-nav li a,
#index_header .index-navbar .navbar-nav li a:hover {
    border-radius: 6px 6px 0 0;
    color: #000000;
    text-align: center;
```

```
}
/* 随调整导航栏的字体大小和宽度 */
@media screen and (min-width:768px) {
    #index_header .index-navbar .navbar-nav li a {
        width: 100px;
        font-size: 15px;
    }
}
@media screen and (min-width:992px) {
    #index_header .index-navbar .navbar-nav li a {
        width: 134px;
        font-size: 20px;
    }
}
@media screen and (min-width:1200px) {
    #index_header .index-navbar .navbar-nav li a {
        width: 160px;
        font-size: 20px;
    }
}
#index_header .index-navbar .navbar-nav li a:hover {
    border-bottom: 2px solid #c12e24;
}
#index_header .index-navbar .navbar-nav li.active a {
    background-color: #c12e24;
    color: white;
}
.navbar {
    margin-bottom: 0px;
    border-bottom: 4px solid #c12e24;
}
/* 头部样式 结束 */
```

第四节　制作网站统一的底部

底部是一个响应式的布局结构。在大于 1200 像素的浏览器窗口中，网页底部分为上下两部分，上部分左侧是固定大小的标识，右侧是底部导航，下部分则是其他信息。

一、大屏幕排版

在大于 1200 像素的浏览器窗口中，网页底部分上下两部分，上部分左侧是固定大小的 logo，右侧是底部导航，下部分则是其他信息（见图 5-13）。

图 5-13　大屏幕下底部效果

二、中等屏幕排版

在大于 992 像素、小于等于 1200 像素的浏览器窗口中，网页底部结构和大屏幕排版一致，同样分上下两部分，上部分左侧是固定大小的 logo，右侧是底部导航，下部分则是其他信息。不同的是，logo 的大小针对网页的宽度适当调小了（见图 5-14）。

图 5-14　中等屏幕下底部效果

三、小屏幕和超小屏幕排版

在小于 992 像素的浏览器窗口中，网页底部也是分为上下两部分，上部分是固定大小的 logo，下部分是底部导航，导航之间的间隙会随着网页宽度的变化而变化（见图 5-15）。

图 5-15 小屏幕下底部效果

底部 HTML 代码如下：

```html
<!-- 底部 开始 -->
<footer id="index_footer">
    <div class="f1 container">
        <div class="top1 row">
            <div class="l1 col-md-1 col-xs-12">
                <img src="img/footer-logo.png" />
            </div>
            <div class="col-md-11 col-xs-12 row">
                <div class="col-lg-2 col-md-2 col-xs-1">
                </div>
                <div class="l2 col-lg-2 col-md-2 col-xs-2">
                    <a href="#"> 基金产品 </a>
                    <div class="lb">
                        <a href="#"> 基金超市 <br /></a>
                        <a href="#"> 智能定投 <br /></a>
                        <a href="#"> 养老专区 </a>
                    </div>
                </div>
                <div class="l3 col-lg-2 col-md-2 col-xs-2">
                    <a href="#"> 尊享理财 </a>
                    <div class="lb">
                        <a href="#"> 专户产品 <br /></a>
                        <a href="#"> 定制理财 <br /></a>
                        <a href="#"> 尊享服务 </a>
                    </div>
                </div>
                <div class="l3 col-lg-2 col-md-2 col-xs-2">
                    <a href="#"> 理财课堂 </a>
                    <div class="lb">
                        <a href="#"> 网络视频 <br /></a>
                        <a href="#"> 理财电台 <br /></a>
```

```
                        <a href="#"> 资讯热点 </a>
                    </div>
                </div>
                <div class="l3 col-lg-2 col-md-2 col-xs-2">
                    <a href="#"> 基民论坛 </a>
                    <div class="lb">
                        <a href="#"> 基民论坛 </a>
                    </div>
                </div>
                <div class="l4 col-lg-2 col-md-2 col-xs-2">
                    <a href="#"> 关于浙方 </a>
                    <div class="lb">
                        <a href="#"> 公司简介 <br /></a>
                        <a href="#"> 加入浙方 <br /></a>
                        <a href="#"> 联系我们 </a>
                    </div>
                </div>
            </div>
        </div>
        <div class="copyright hidden-sm hidden-xs">
            <div class="copyright-1">
                <a href="#"> 风险提示函 </a>
                <span>|</span>
                <a href="#"> 投资者教育 </a>
                <span>|</span>
                <a href="#"> 反洗钱 </a>
                <span>|</span>
                <a href="#"> 基金业务规则 </a>
                <span>|</span>
                <a href="#"> 隐私与安全 </a>
            </div>
            <div class="copyright-2">
                浙方基金管理有限公司 版权所有
                &copy;
                All Rights Reserved.
                [ICP 备案登记证编号 : 浙 ICP 备 1345456309 号 ]
                本网站支持 IPv6
            </div>
            <div class="copyright-3">
                传真 : 0571-82763889 交易传真 : 0571-12345069
                地址 : 杭州市钱塘区学源街 118 号浙江金融职业学院 邮编 : 311100
            </div>
            <div class="copyright-4">
                客服热线 : 400-671-459 客服邮箱 : services@zffunds.com
            </div>
        </div>
    </div>
</div>
```

```
        </div>
    </div>
</footer>
<!-- 底部 结束 -->
```

底部 CSS 代码如下：

```css
/* 底部 开始 */
#index_footer {
    width: 100%;
    padding: 0;
    background-color: #371212;
    min-height: 300px;
    max-height: 350px;
}

#index_footer .f1{
    padding: 0;
}

#index_footer .f1 .top1 {
    height: 160px;
    margin: 0 auto;
    color: #ccc;
    font-size: 15px;
    padding-top: 30px;
}

#index_footer .f1 .top1 .row{
    padding: 0;
}

#index_footer .f1 .top1 .l1 {
    float: left;
    padding: 0;
    padding-top: 25px;
}

.top1 a {
    color: #fff;
    text-decoration: none;
    font-weight: bold;
}

.lb{
    padding-top: 18px;
}
```

```
.lb a {
    color: #ccc;
    text-decoration: none;
    font-weight: normal;
    line-height: 25px;
}

#index_footer .copyright {
    text-align: center;
    color: #ccc;
    line-height: 25px;
    font-size: 14px;
}

#index_footer .copyright .copyright-1 a{
    color:#ccc ;
}

#index_footer .copyright .copyright-1 span{
    padding: 0 5px;
}

@media screen and (min-width:0px) {
    #index_footer .f1 .top1 .l1 img{
        display: block;
        padding: 0;
        width: 320px;
        margin: 0 auto;
    }
    #index_footer .f1 .top1 .l2,
    #index_footer .f1 .top1 .l3,
    #index_footer .f1 .top1 .l4,
    #index_footer .f1 .top1 .l5{
        float: left;
        padding: 0;
        padding-top: 30px;
        text-align: center;

    }
}
@media screen and (min-width:992px) {
    #index_footer .f1 .top1 .l1 img{
        width: 320%;
        position: relative;
        top: 0px;
    }
    #index_footer .f1 .top1 .l2,
    #index_footer .f1 .top1 .l3,
```

```
#index_footer .f1 .top1 .l4,
#index_footer .f1 .top1 .l5{
    float: left;
    padding: 0;
    text-align: right;
    }
}
/* 底部 结束 */
```

第五节　制作首页

首页主要是进行效果展示。大屏幕首页效果如第四章图 4-3 所示，而小屏幕首页效果如图 5-16 所示。

图 5-16　小屏幕首页效果

一、轮播图

轮播图的轮播效果和左右切换效果均由 Bootstrap 提供，为了在各种屏幕上都能为浏览者呈现合适的网页效果，这里使用了 JavaScript 代码，使网页轮播图中的图片可以随着浏览器的宽度而改变。

HTML 代码如下：

```
<!-- 轮播图 开始 -->
<section id="index_carousel" class="carousel slide" data-ride="carousel">
    <!-- 指示器 -->
    <ol class="carousel-indicators">
        <li data-target="#index_carousel" data-slide-to="0" class="active"></li>
        <li data-target="#index_carousel" data-slide-to="1"></li>
        <li data-target="#index_carousel" data-slide-to="2"></li>
    </ol>

    <!-- 滚动的画面 -->
    <div class="carousel-inner" role="listbox">
        <!-- 每个轮播图 需要 2 张图，大图通栏效果 左右接近纯色 内容集中在中间，小图比例需要
接近方形 方便平板手机观看 -->
        <!-- 窗口小显示 date-sm-img, 窗口大显示 date-lg-img -->
        <div class="item active" data-sm-img="img/banner1_sm.jpg" data-lg-img="img/banner1.jpg">
        </div>
        <div class="item" data-sm-img="img/banner2_sm.jpg" data-lg-img="img/banner2.jpg">
        </div>
        <div class="item" data-sm-img="img/banner3_sm.jpg" data-lg-img="img/banner3.jpg">
        </div>
    </div>

    <!-- 左右控制 -->
    <a class="left carousel-control" href="#index_carousel" role="button" data-slide="prev">
        <span class="glyphicon glyphicon-chevron-left" aria-hidden="true"></span>
        <span class="sr-only">Previous</span>
    </a>
    <a class="right carousel-control" href="#index_carousel" role="button" data-slide="next">
        <span class="glyphicon glyphicon-chevron-right" aria-hidden="true"></span>
        <span class="sr-only">Next</span>
    </a>
</section>
<!-- 轮播图 结束 -->
```

CSS 代码如下：

```
/* 轮播图开始 */
#index_carousel.item{
    background:no-repeat center center;
    -webkit-background-size:cover;
    background-size:cover;
}

@mediascreenand(min-width:768px){
    #index_carousel.item{
        background-color:#000000;
        height:410px;
    }
}
/* 轮播图结束 */
```

JavaScript 代码如下：

```
$(function(){
    $(window).on("resize",function(){
        letclientW=$(window).width();//1.获取窗口宽度
        let isShowBigImage=clientW>=768;//2.设置临界值
        let $allItems=$("#index_carousel.item");//3.获取 item
        //4.遍历
        $allItems.each(function(index,item){
        letsrc=isShowBigImage?$(item).data("lg-img"):$(item).data("sm-img");
            letimgUrl='url("'+src+'")';
            $(item).css({
                backgroundImage:imgUrl
            });
            if(!isShowBigImage){
                let$img="<imgsrc='"+src+"'>";
                $(item).empty().append($img);
            }else{
                $(item).empty();
            }
        });
    });
    $(window).trigger("resize");
});
```

二、资讯热点

资讯热点效果图见图 5-17。

📄 资讯热点   More+

每周策略 | 二季报业绩预喜占比高，中游制...
下半年，假设原材料价格上行空间有限，则中游制造板块的盈利修...

20　LPR报价连续15个月"原地踏...

16　券商晨会精华：A股基本面支撑较...

15　央行实施降准并续做MLF释放7,000亿...

14　重大信号！全国破市场启动在即，如...

图 5-17　资讯热点效果

这一块内容是由左、中、右三部分组成的，根据之前分析排版的方法，尝试分析一下这一模块的结构，并把它做出来。

其中标题部分的样式在浙方基金网站中几乎相同，此类有相同样式的部分，其 CSS 代码可以统一放在 style.css 文件中，供所有网页使用。

HTML 代码如下：

```html
<!-- 热点资讯 hotspot 开始 -->
<section id="index_hotspot" class="container">
    <div class="index-title">
        <div class="index-title-img">
            <img src="img/hotspot.gif" />
        </div>
        <div class="index-title-text">
            资讯热点
        </div>
        <div class="index-title-add">
            More+
        </div>
    </div>

    <div class="hotspot row">
        <div class="hotspot-1 col-lg-3 col-md-6 col-sm-11 col-xs-11">
            <div class="hotspot-1-top">
                <img src="img/hotspot-1-top.gif" />
            </div>
            <div class="hotspot-1-mid1 ">
                上证指数（000001）
            </div>
            <div class="hotspot-1-mid2">
                3536.79
            </div>
            <div class="hotspot-1-bottom">
                -2.33[-0.07%]
```

```
            </div>
        </div>
        <!-- 每周策略 -->
        <div class="hotspot-2 hidden-md hidden-sm hidden-xs">
            <div class="hotspot-2-top long-text">
                <a href="#"> 每周策略 | 二季报业绩预喜占比高，中游制 ...</a>
            </div>
            <div class="hotspot-2-mid long-text">
                下半年，假设原材料价格上行空间有限，则中游制造板块的盈利修复
                值得关注。综合此次二季报披露率较高、预告业绩增 ...
            </div>
            <div class="hotspot-2-bottom">
                <img src="img/hotspot-2-bottom.gif" />
            </div>
        </div>
        <!-- 四条新闻 -->
        <div class="hotspot-3 hidden-sm hidden-xs">
            <div class="t1">
                <div class="left">
                    <div class="big">20</div>
                    <div class="small">7 月 </div>
                </div>
                <div class="right long-text">
                    <a href="#">LPR 报价连续 15 个月 "原地踏…</a>
                    <br />
                    <a href="#"><font> 全面降准落地后的首期贷款 ...</font></a>
                </div>
            </div>
            <div class="t2">
                <div class="left">
                    <div class="big">16</div>
                    <div class="small">7 月 </div>
                </div>
                <div class="right long-text">
                    <a href="#"> 券商晨会精华：A 股基本面支撑较…</a>
                    <br />
                    <a href="#"><font> 财联社 7 月 16 日讯，今日券商晨会 ...</font></a>
                </div>
            </div>
            <div class="t3">
                <div class="left">
                    <div class="big">15</div>
```

```
                <div class="small">7 月 </div>
            </div>
            <div class="right long-text">
                <a href="#"> 央行实施降准并续做 MLF 释放 7,000 亿…</a>
                <br />
                <a href="#"><font> 财联社（北京，记者 张晓翀）讯 ,……</font></a>
            </div>
        </div>
        <div class="t4">
            <div class="left">
                <div class="big">14</div>
                <div class="small">7 月 </div>
            </div>
            <div class="right long-text">
                <a href="#"> 重大信号！全国碳市场启动在即，如…</a>
                <br />
                <a href="#"><font>7 月 14 日，国务院新闻办公室举行国务院 ...</font></a>
            </div>
        </div>
    </div>
</div>
</section>
<!-- 热点资讯 结束 -->
```

CSS 代码如下：

```css
/* 热点资讯 开始 */
#index_hotspot {
    margin-top: 30px;
    height: 333px;
    background-color: #fff;
    box-shadow: 0px 0px 3px #ddd;
}

/* 市场行情 */
.hotspot .hotspot-1 {
    float: left;
    height: 238px;
    background-color: #c12f24;
    margin-top: 18px;
    margin-left: 20px;
}
.hotspot-1 .hotspot-1-top {
    padding-top: 35px;
```

```
        width: 270px;
        margin: 0 auto;
}

.hotspot-1 .hotspot-1-mid1 {
        width: 116px;
        margin: 0 auto;
        font-family: " 微软雅黑 ";
        font-size: 8px;
        color: #fff;
        padding-top: 8px;
}

.hotspot-1 .hotspot-1-mid2 {
        width: 180px;
        margin: 0 auto;
        padding-top: 1px;
        font-family: " 微软雅黑 ";
        font-size: 48px;
        color: #fff;
}

.hotspot-1 .hotspot-1-bottom {
        width: 80px;
        margin: 0 auto;
        padding-top: 8px;
        font-family: " 微软雅黑 ";
        font-size: 10px;
        color: #fff;
}

/* 每周策略 */
.hotspot .hotspot-2 {
        float: left;
        width: 460px;
        height: 235px;
        margin-top: 18px;
        margin-left: 20px;
}

.hotspot-2 .hotspot-2-top a {
        font-family: " 微软雅黑 ";
        font-size: 23px;
        color: #ab0c00;
        /*text-decoration:none;*/
}
.hotspot-2 .hotspot-2-mid {
        font-family: " 微软雅黑 ";
```

```
        font-size: 15px;
        padding-top: 10px;
}

.hotspot-2 .hotspot-2-bottom {
        padding-top: 10px;
}

/* 四条新闻 */
.hotspot .hotspot-3 {
        float: left;
        height: 235px;
        margin-top: 18px;
        margin-left: 10px;
}

.hotspot-3 .t1,
.t3,
.t2,
.t4 {
        width: 350px;
        height: 40px;
        margin-bottom: 25px;
}

.t1 .left,
.t2 .left,
.t3 .left,
.t4 .left {
        float: left;
        width: 40px;
        height: 40px;
        border-right: 2px solid #cccccc;
}

.t1 .right,
.t2 .right,
.t3 .right,
.t4 .right {
        float: left;
        font-family: " 微软雅黑 ";
        font-size: 16px;
        margin-left: 6px;
        line-height: 21px;
}
.right a {
        color: #000;
        /*text-decoration:none;*/
```

```
    }

.right a font {
    color: #ccc;
    /*text-decoration:none;*/
}

.left .big {
    font-size: 20px;
    color: #ab0c00;
    padding-left: 10px;
}

.left .small {
    font-size: 13px;
    color: #cccccc;
    padding-left: 12px;
}

/* 热点资讯 结束 */
```

网页内容模块通用头部 CSS 代码如下：

```
/* 内容模块通用头部 开始 */
.index-title {
    width: 100%;
    float: left;
    border-bottom: 2px solid #dabf90;
}

.index-title-img {
    float: left;
    padding-left: 20px;
    padding-top: 10px;
}

.index-title-text {
    float: left;
    padding-top: 12px;
    padding-left: 8px;
    padding-bottom: 10px;
    font-family: " 微软雅黑 ";
    font-size: 25px;
    font-weight: bold;
    color: #c12f24;
}
```

```
.index-title-add {
    float: right;
    padding-top: 30px;
    padding-right: 20px;
    font-family: " 微软雅黑 ";
    font-size: 13px;
    font-weight: bold;
    color: #c12f24;
}

.now-position{
    margin: 0 auto;
    height: 35px;
    border-left: 5px solid #c12f24;
    line-height: 35px;
    padding-left: 25px;
    color: #999;
    font-size: 15px;
    letter-spacing: 1.8px;
    margin-top: 15px;
}

/* 内容模块通用头部 结束 */
```

三、四大模块

四大模块的 4 个小板块包括精品策略、周期热点、金牌经理和人气之选，每个板块的排版都非常简单，主要是使用 Bootstrap 的栅格系统和媒体查询进行排版。

首先，这 4 个小板块的构成都是一样的。头部有图标、标题、分割线，中间有标语、基金名称、收益率和收益率的类型，底部是一个按钮。对于这种完全相同的排版和样式，它们的 CSS 代码可以共用。

Bootstrap 的栅格系统是将一行分成最多 12 列，在这里只需要把版心分成 4 列，其中白色内容部分的宽度稍窄一些，然后再使用内边距让其中的 3 个间隔看起来一样宽，再使用媒体查询给不同屏幕下设置不同的 CSS。

```
<!-- 四大模块 -->
<section id="index_panel" class="container">
    <div class="row init">
    <!-- 精品策略 -->
    <div class="col-xs-6 col-md-3">
        <div class="row">
            <div class="panel-1">
                <img src="img/panel-1.gif" />
                <hr />
                <div class="panel-font1 long-text">
                    市场前瞻 聚焦中长期板块
                </div>
                <div class="panel-font2 long-text">
                    浙方成长价值混合 A
                </div>
                <div class="panel-font3">
                    332.02%
                </div>
                <div class="panel-font4">
                    成立以来收益
                </div>
                <div class="shopping">
                    <a href="#"><img src="img/shopping.gif" align="center" /></a>
                </div>
            </div>
        </div>

    </div>
    <!-- 周期热点 -->
    <div class="col-xs-6 col-md-3 ">
        <div class="row">
            <div class="panel-2">
                <img src="img/panel-2.gif" />
                <hr />
                <div class="panel-font1 long-text">
                    把握 " 碳中和 " 时代机遇
                </div>
                <div class="panel-font2 long-text">
                    浙方光伏新能源 C
                </div>
                <div class="panel-font3">
                    28.75%
                </div>
                <div class="panel-font4">
                    近一年收益
                </div>
                <div class="shopping">
```

```
                    <a href="#"><img src="img/shopping.gif" align="center" /></a>
                </div>
            </div>
        </div>
<!-- 金牌经理 -->
<div class="col-xs-6 col-md-3 ">
    <div class="row">
        <div class="panel-3">
            <img src="img/panel-3.gif" />
            <hr />
            <div class="panel-font1 long-text">
                研究总监掌舵 深度挖掘牛股
            </div>
            <div class="panel-font2">
                浙方消费升级混合
            </div>
            <div class="panel-font3">
                39.55%
            </div>
            <div class="panel-font4">
                近一年收益
            </div>
            <div class="shopping">
                <a href="#"><img src="img/shopping.gif" align="center" /></a>
            </div>
        </div>
    </div>

</div>
<!-- 人气之选 -->
<div class="col-xs-6 col-md-3 ">
    <div class="row">
        <div class="panel-4">
            <img src="img/panel-4.png" />
            <hr />
            <div class="panel-font1">
                均衡稳健长跑基
            </div>
            <div class="panel-font2">
                均衡稳健长跑基
            </div>
            <div class="panel-font3">
                45.03%
            </div>
            <div class="panel-font4">
```

```
                        近一年收益
                </div>
                <div class="shopping">
                        <a href="#">
                                <img src="img/shopping.gif" align="center" />
                        </a>
                </div>
            </div>
        </div>

    </div>
    </div>
</section>
```

CSS 代码如下：

```
/* 第二个板块 四大模块 */
#index_panel {
        min-height: 333px;
        padding: 0px;
        padding-top: 15px;
}

#index_panel .panel-1,
#index_panel .panel-2,
#index_panel .panel-3{
        float: left;
        height: 320px;
        background-color: #fff;
        box-shadow: 0px 0px 3px #ddd;
}

#index_panel .panel-4{
        float: right;
        height: 320px;
        background-color: #fff;
        box-shadow: 0px 0px 3px #ddd;
}

#index_panel hr {
        margin: 0;
        padding: 0;
        border-top: 3px solid #d0ae6c;
}

.panel-font1 {
```

```
        width: auto;
        font-family: " 微软雅黑 ";
        font-size: 18px;
        padding-top: 12px;
        color: #999;
        text-align: center;
}

.panel-font2 {
        font-family: " 微软雅黑 ";
        font-size: 24px;
        text-align: center;
        padding-top: 15px;
        white-space: nowrap;
}

.panel-font3 {
        font-family: " 微软雅黑 ";
        font-size: 36px;
        text-align: center;
        padding-top: 15px;
        color: #c65d4a;
        font-weight: bold;
}

.panel-font4 {
        font-family: " 微软雅黑 ";
        font-size: 13px;
        text-align: center;
        padding-top: 15px;
        color: #a6a6a6;
}

.shopping {
        text-align: center;
        padding-top: 15px;
}

@media screen and (min-width:0px) {
        #index_panel .panel-1,
        #index_panel .panel-2,
        #index_panel .panel-3,
        #index_panel .panel-4{
                width: 97%;
        }
        #index_panel .panel-2{
                float: right;
                margin-left: 0px;
```

```
            }
        #index_panel .panel-3{
            margin-left: 0px;
        }


        #index_panel .panel-3,#index_panel .panel-4{
            margin-top: 20px;
        }
    }

@media screen and (min-width:768px) {
        #index_panel .panel-2{
            float: right;
            margin-left: 0px;
        }
        #index_panel .panel-3{
            margin-left: 0px;
        }


    }

@media screen and (min-width:992px) {
        #index_panel .panel-1,
        #index_panel .panel-2,
        #index_panel .panel-3,
        #index_panel .panel-4{
            width: 91.6667%;
        }
        #index_panel .panel-2{
            float: left;
            margin-left: 10px;
        }
        #index_panel .panel-3{
            margin-left: 16px;
        }
        #index_panel .panel-3,#index_panel .panel-4{
            margin-top: 0px;
        }
    }

@media screen and (min-width:1200px) {
        #index_panel .panel-2{
            float: left;
            margin-left: 10px;
        }
        #index_panel .panel-3{
            margin-left: 16px;
        }
```

四、热销基金

热销基金部分采用表格的方式，填充各个基金的相关数据。热销基金相关代码见图 5-18，热销基金表格效果见图 5-19。

```html
<!-- 热销基金 开始 -->
<section id="index_product" class="container">
    <div class="index-title">
        <div class="index-title-img">
            <img src="img/product.gif" />
        </div>
        <div class="index-title-text">
            热销基金
        </div>
        <div class="index-title-add">
            <a href="#" class="form-title-active">混合型</a>
            <span class="form-title-joint">|</span>
            <a href="#">股票型</a>
            <span class="form-title-joint">|</span>
            <a href="#">指数型</a>
            <span class="form-title-joint">|</span>
            <a href="#">债券型</a>
            <span class="form-title-joint">|</span>
            <a href="#">货币型</a>
        </div>
    </div>

    <div class="product-box"> [ ··· ] </div>
    </div>
</section>
<!-- 热销基金 结束 -->
```

图 5-18　热销基金相关代码

基金名称	单位净值	累计净值	净值日期	日涨跌幅	最近半年	最近一年	今年以来	成立以来
浙方成长价值混合A 001875	2.5300	3.4500	2021-07-20	-0.32%	-9.06%	24.29%	3.39%	332.02%
浙方医疗健康A 005453	3.2638	3.2638	2021-07-20	0.13%	4.99%	47.20%	13.36%	226.38%
浙方消费升级混合 000689	2.7350	2.8450	2021-07-20	1.22%	-9.06%	50.27%	62.03%	200.65%
浙方新蓝筹精选混合 000788	2.5230	2.6030	2021-07-20	0.92%	20.43%	42.95%	24.29%	171.29%
浙方沪深300指数 000656	1.9620	2.3320	2021-07-20	-0.05%	-0.96%	21.64%	4.08%	170.02%
浙方周期优选混合 003857	2.4529	2.4529	2021-07-20	0.05%	14.59%	44.82%	20.06%	145.29%

图 5-19　热销基金表格效果

使用 CSS 选择器改变表格奇数行的背景颜色，代码如下：

```
/* 改变奇数行的背景颜色 */
.form table tr:nth-child(odd){
    background-color:#fcebe7;
}
```

五、网站广告

广告模块由左右两张不同的图片组成，在网页缩小的时候，从两张并列的图片变成一张图片。

广告部分 HTML 代码如下：

```
<!-- 广告开始 -->
<section id="index_advert" class="container">
    <div class="rowinit">
        <div class="advert-left col-sm-6 hidden-xs">
            <a href="#" class="advert-img"><img src="img/advert-1.gif"/></a>
        </div>
        <div class="advert-right col-sm-6 col-xs-12">
            <a href="#" class="advert-img"><img src="img/advert-2.gif"/></a>
        </div>
    </div>
</section>
<!-- 广告结束 -->
```

CSS 样式代码如下：

```
#index_advert{
    margin:0 auto;
    height:210px;
    padding:0;
    margin-top:15px;
}
```

```
#index_advert .advert-right,
#index_advert .advert-left{
    overflow:hidden;
    height:100%;
    padding:0;
    float:left;
    box-shadow:0px 0px 3px #ddd;
}
```

```
@media screen and(min-width:0px){
    #index_advert .advert-right{
        background-color:white;
    }
}
```

```
@media screen and(min-width:768px){
    #index_advert .advert-right img{
        float:left;
        margin-left:10px;
    }
    #index_advert .advert-right{
        background-color:#fffbf9;
    }
}
```

六、理财课堂

理财课堂模块左侧是一个图文并茂的网页组合，右侧由二上三下的五个小模块组成，在网页缩小时，左右两部分会变成上下结构。

图 5-20　理财课堂效果

理财课堂左侧模块相对简单，此处简单介绍一下右侧的模块（见图5-21）。

图 5-21　理财课堂右侧效果

右侧的五个小模块的 HTML 代码如下：

```html
<div class="course-right col-lg-4 col-md-12 col-sm-12 col-xs-12">
    <div class="row">
        <div class="d1">
            <a href="#">
                <img src="img/course-1.gif"></a>
        </div>
        <div class="d2">
            <a href="#">
                <img src="img/course-2.gif">
        </div>
    </div>
    <div class="row">
        <div class="d3">
            <a href="#">
                <img src="img/course-3.gif"> </a>
        </div>
        <div class="d4">
            <a href="#">
                <img src="img/course-4.gif"> </a>
        </div>
        <div class="d5">
            <a href="#">
                <img src="img/course-5.gif"> </a>
        </div>
    </div>
</div>
```

以上代码辅之媒体查询和 CSS，即可做出右侧部分。

CSS 代码如下：

```css
#index_course .course-right {
    float: right;
    height: 380px;
}

#index_course .course-right .d1 ,
#index_course .course-right .d2 {
    width: 49%;
    height: 200px;
    background-color: #fff;
    text-align: center;
    box-shadow: 0px 0px 3px #ddd;
}
```

```
#index_course .course-right .d1,
#index_course .course-right .d3,
#index_course .course-right .d4{
    float: left;
}
#index_course .course-right .d2,
#index_course .course-right .d5{
    float: right;
}


#index_course .course-right .d3 ,
#index_course .course-right .d4 ,
#index_course .course-right .d5 {
    margin-top: 10px;
    height: 170px;
    width: 32.334%;
    background-color: #fff;
    text-align: center;
    box-shadow: 0px 0px 3px #ddd;
}

@media screen and (min-width:0px) {
    #index_course .course-right .d4{
        margin-left: 1rem;
    }
}
@media screen and (min-width:768px) {
    #index_course .course-right .d4{
        margin-left: 1.2rem;
    }
}
@media screen and (min-width:992px) {
    #index_course .course-right .d4{
        margin-left: 1.5rem;
    }
}
@media screen and (min-width:1200px) {
    #index_course .course-right .d4{
        margin-left: 0.6rem;
    }
}
#index_course .course-right a img {
    position: relative;
    top: 30px;
    transition: all 0.4s ease-in 0s;
}

#index_course .course-right a:hover img {
```

```css
        transform: scale(1.2, 1.2);
}

.course-time{
    color: #999;
    float: right;
}

@media screen and (min-width:0px) {
    .midd{
        width: 93%;
    }
    #index_course .course-right{
        margin-top: 10px;
    }
    #index_course .course-left .top1 {
        width: 100%;
    }
}

@media screen and (min-width:768px) {
    .midd{
        width: 95%;
    }

}

@media screen and (min-width:992px) {
    .midd{
        width: 100%;
    }
    .midd img{
        width: 95%;
    }

}

@media screen and (min-width:1200px) {
    .midd{
        width: 730px;
    }
    .midd img{
        width: 100%;
    }
    #index_course .course-right{
        margin-top: 0px;
    }
}
```

```
#index_course .course-left .top1 {
    width: 98%;
    }
}
```

七、基民论坛

基民论坛属于浙方基金首页中相对简单的一个板块，它由并列的五个分区组成（见图 5-22）。

图 5-22　基民论坛效果

基民论坛 HTML 代码如下：

```
<!-- 基民论坛开始 -->
<section id="index_forum" class="hidden-sm hidden-xs container">
    <div class="index-title">
        <div class="index-title-img">
            <img src="img/forum.gif"/>
        </div>
        <div class="index-title-text">
            基民论坛
        </div>
        <div class="index-title-add">
        </div>
    </div>
    <div class="index_forum-boxrow">
        <div class="q1">
            <span class="forum-title"> 今日发帖数 </span>
            <br/>
            <span class="forum-txt">6</span>
        </div>
        <div class="q2">
            <span class="forum-title"> 今日发帖数 </span>
            <br/>
            <span class="forum-txt">66</span>
        </div>
        <div class="q3">
            <span class="forum-title"> 总帖数 </span>
```

```
            <br/>
            <span class="forum-txt">666</span>
        </div>
        <div class="q4">
            <span class="forum-title"> 会员总数 </span>
            <br/>
            <span class="forum-txt">66</span>
        </div>
        <div class="q5">
            <span class="forum-title"> 欢迎新会员 </span>
            <br/>
            <span class="forum-txt">6666</span>
        </div>
    </div>
</section>
<!-- 基民论坛结束 -->
```

基民论坛的 CSS 代码如下：

```
/* 基民论坛开始 */
#index_forum{
    margin:0auto;
    height:150px;
    margin-top:15px;
    background-color:#fff;
    box-shadow:0px 0px 3px #ddd;
}

.index_forum-box{
    float:left;
    width:100%;
}

#index_forum.q1,
#index_forum.q2,
#index_forum.q3,
#index_forum.q4,
#index_forum.q5{
    width:20%;
    margin:10px 0 0 0;
    float:left;
    height:60px;
    text-align:center;
}

#index_forum.q1,
#index_forum.q2,
```

```
#index_forum.q3,
#index_forum.q4{
    border-right:1px solid #ccc;
}
.forum-title{
    color:#999;
    font-size:1.6rem;
}

.forum-txt{
    color:#c65d4a;
    font-size:36px;
}
/* 基民论坛结束 */
```

八、关于浙方

"关于浙方"是图文并茂的结构，左边是文章的标题和部分内容，右边是一张图片（见图 5-23），在网页缩小时右边的图片会消失（见图 5-24）。

图 5-23　大屏幕下"关于浙方"的效果

⋯ 关于浙方

◆ **投资理念：专注追求绝对收益**

公司始终坚持以"专注追求绝对收益"为核心投资理念，保护基金持有人的长期利益，力争实现基金持有人的正回报。

◆ **机制创新：股权激励机制创新**

由公司核心成员组成的合伙企业占股25%，为并列第一大股东，实现了核心员工与公司利益的一致性。

◆ **实践创新：多资产多品种多策略的大类资产配置能力**

公司在权益、债券、黄金等大类资产领域多次精准预判和前瞻布局。

图 5-24　小屏幕下"关于浙方"的效果

经过前面的学习，我们已经对响应式网页的制作有了一定的了解，那么就来练习一下吧！

第六节　制作其他网页

一、制作基金产品列表页

大屏幕下基金产品页效果图见本书第四章图 4-4，小屏幕下基金产品页效果图见图 5-25。

图 5-25　小屏幕下基金产品页效果

1. 横幅（banner）

基金产品页的 banner 不同于首页，是由四个图片水平排列形成的。HTML 代码如下：

```
<!--banner begin-->
<div id="product_banner">
    <div class="container row banner-box">
        <div class="col-xs-3 padding-0">
            <a href="#"><img class="banner-box-1" src="img/product-banner-1.gif" /></a>
        </div>
        <div class="col-xs-3 padding-0">
            <a href="#"><img class="banner-box-1" src="img/product-banner-2.gif" /></a>
        </div>
        <div class="col-xs-3 padding-0">
            <a href="#"><img class="banner-box-1" src="img/product-banner-3.gif" /></a>
        </div>
        <div class="col-xs-3 padding-0">
            <a href="#"><img class="banner-box-1" src="img/product-banner-4.gif" /></a>
        </div>
    </div>
</div>
<!--banner end-->
```

CSS 代码如下：

```
/* 轮播图 banner 开始 */
#product_banner{
    max-height: 350px;
    background: url(../img/product-banner.png) no-repeat center;
}
.banner-box{
    margin: 0 auto;
    padding: 0;
}

.banner-box-1{
    padding: 0;
    display: block;
    width: 90%;
    margin:30px auto;
}
/* 轮播图 banner 结束 */
```

其中部分 CSS 样式与首页相同。

2. 面包屑导航（breadcrumb navigation）

我们经常在网页上方看到"当前位置：首页 >基金产品"这样的一行文字，网页制作者们往往称其为"面包屑导航"。虽然眼下很多网站都流行使用面包屑导航，但是并不是所有的网站都适用，只有层级较多且路径规范的网站才适合使用面包屑导航。

面包屑导航的作用非常重要，主要体现在以下几点：

（1）方便用户，让用户了解当前所处位置，以及当前页面在整个网站中的位置。用户更容易定位到上一级目录，引导用户通行。

（2）体现了网站的架构层级，能够帮助用户快速学习和了解网站内容和组织方式，从而形成很好的位置感。

（3）提供返回各个层级的快速入口，方便用户操作。

（4）利用搜索引擎的规则提高网站在有关搜索引擎内的自然排名，即SEO 优化。

（5）减少返回到上一级页面的点击或操作，不必使用浏览器的"返回"按钮或网站的主要导航来返回到上一级页面。

在 Bootstrap 中也有自带的面包屑导航。Bootstrap 中文网将其翻译为"路径导航"，描述功能为"在一个带有层次的导航结构中标明当前页面的位置"。其代码如下：

```
<ol class="breadcrumb">
 <li><a href="#">Home</a></li>
 <li><a href="#">Library</a></li>
 <li class="active">Data</li>
</ol>
```

Bootstrap 中内置的 CSS 样式使各路径间的分隔符已经自动通过 CSS 的before 和 content 属性添加了。

浙方基金项目中，面包屑导航并没有使用 Bootstrap 的组件，仅仅使用了固定的文字，可根据 Bootstrap 的相关组件自行添加效果。

对页面的结构有所了解后，就可以编写代码来实现它。因为基金产品页中"基金产品"板块代码量大、内容简单，与首页"热销基金"板块相似度高，这里便不再展示"基金产品"板块的代码。

部分 HTML 代码如下：

```
<div class="container now-position">
    当前位置: 首页 > 基金产品
</div>
<!-- 热门板块 开始 -->
<div id="product_hot" class="container">
    <div class="index-title">
        <div class="index-title-text">
            热门板块
        </div>
        <div class="index-title-add">
            More+
        </div>
    </div>

    <div class="row init">
        <div class="col-sm-6 col-xs-12">
            <a href="#"><img class="hot-img" src="img/product-hot-1.gif" /></a>
        </div>
        <div class="col-sm-6 col-xs-12">
            <a href="#"><img class="hot-img" src="img/product-hot-2.gif" /></a>
        </div>
    </div>
</div>
<!-- 热门板块 结束 -->

<!-- 特色选基 开始 -->
<div id="product_feature" class="container">
    <div class="index-title">
        <div class="index-title-text">
            特色选基
        </div>
        <div class="index-title-add">
        </div>
    </div>

    <div class="row init">
        <div class="col-md-3 col-xs-6">
```

```
        <a href="#"><img class="feature-img" src="img/product-feature-1.gif" /></a>
    </div>
    <div class="col-md-3 col-xs-6">
        <a href="#"><img class="feature-img" src="img/product-feature-2.gif" /></a>
    </div>
    <div class="col-md-3 col-xs-6">
        <a href="#"><img class="feature-img" src="img/product-feature-3.gif" /></a>
    </div>
    <div class="col-md-3 col-xs-6">
        <a href="#"><img class="feature-img" src="img/product-feature-4.gif" /></a>
    </div>
    </div>
</div>
<!-- 特色选基 结束 -->
```

"当前位置"的 CSS 样式放在了网页内容模块通用头部 CSS 代码中，其余对应的 CSS 代码如下：

```
/* 热门板块 product_hot 开始 */
.hot-img{
    border-radius: 10px;
    width: 100%;
    margin-top: 20px;
}

/* 热门板块 product_hot 结束 */

/* 特色选基 feature 开始 */
.feature-img{
    width: 100%;
    margin-top: 20px;
}
/* 特色选基 feature 结束 */
```

二、制作尊享理财页

大屏幕下尊享理财页效果如本书第四章图 4-5 所示，小屏幕下尊享理财页效果如图 5-26 所示。

图 5-26 小屏幕下尊享理财页效果

1. 表单

尊享理财的网页专户产品板块使用了表单功能。表单在网页中主要负责数据采集功能。一个表单有三个基本组成部分：一是表单标签；二是表单域，包含文本框、密码框、隐藏域、多行文本框、复选框、单选框、下拉选择框和文件上传框等；三是表单按钮，包括提交按钮、复位按钮和一般按钮。

2. 服务流程

服务流程模块的响应式变化是由大屏幕下水平的 4 个板块（见图 5-27）变成小屏幕下顺时针的排列方式（见图 5-28）。

图 5-27　大屏幕下服务流程模块效果

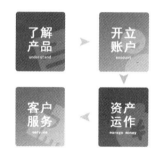

图 5-28　小屏幕下服务流程模块效果

主要的 HTML 代码如下：

```
<!-- 服务流程 开始 -->
<div id="service_process" class="container">
    <div class="row init process-box">
        <div class="col-xs-12">
            <div class="form-text-title">
                服务流程
            </div>
            <div class="form-text-2">
                严格遵照法律法规规定，充分了解客户需求，构建科学服务流程
```

```html
                </div>

            </div>
            <div class="row init">
                <div class="col-md-3 col-xs-6 process-box-1">
                    <a href="#"><img class="process-box-img" src="img/service-product-1.png"></a>
                    <div class="bg-arrows-1"></div>
                </div>
                <div class="col-md-3 col-xs-6 process-box-2">
                    <a href="#"><img class="process-box-img" src="img/service-product-2.png"></a>
                    <div class="bg-arrows-2"></div>
                </div>
                <div class="col-md-3 col-xs-6 process-box-3">
                    <a href="#"><img class="process-box-img" src="img/service-product-3.png"></a>
                    <div class="bg-arrows-3"></div>
                </div>
                <div class="col-md-3 col-xs-6 process-box-4">
                    <a href="#"><img class="process-box-img" src="img/service-product-4.png"></a>
                </div>
            </div>
        </div>
    </div>
<!-- 服务流程 结束 -->
```

排序的变化主要由以下的 CSS 代码实现：

```css
/* 服务流程 开始 */
.process-box .col-xs-12 .form-text-title{
    margin-top: 20px;
}
.process-box .col-xs-12 .form-text-2{
    margin: 20px 0;
}
.process-box-1,
.process-box-2,
.process-box-3,
.process-box-4{
    margin-top: 30px;
    margin-bottom: 30px;
}
.process-box-img{
    display: block;
    margin: 0 auto;
}
```

```
@media screen and (min-width:0px) {
    .bg-arrows-1{
        position: absolute;
        width: 110%;
        height: 100%;
        overflow:visible;
        top: 0;
        left: 0;
        background: url(../img/arrows-right.png) no-repeat center;
        background-position: right 0px center;
    }
    .bg-arrows-2{
        position: absolute;
        width: 100%;
        height: 122%;
        overflow:visible;
        top: 0;
        left: 0;
        background: url(../img/arrows-down.png) no-repeat center;
        background-position: bottom 0px center;
    }
    .bg-arrows-3{
        position: absolute;
        width: 110%;
        height: 100%;
        overflow:visible;
        top: 0;
        left: 0;
        background: url(../img/arrows-left.png) no-repeat center;
        background-position: right 0px center;
    }
    .process-box-3 a img{
        content:url(../img/service-product-4.png);
    }
    .process-box-4 a img{
        content:url(../img/service-product-3.png);
    }
}
@media screen and (min-width:992px) {
    .bg-arrows-2,
    .bg-arrows-3{
        position: absolute;
        width: 110%;
        height: 100%;
        overflow:visible;
        top: 0;
        left: 0;
        background: url(../img/arrows-right.png) no-repeat center;
```

```
        background-position: right 0px center;
    }
    .process-box-3 a img{
        content:url(../img/service-product-3.png);
    }
    .process-box-4 a img{
        content:url(../img/service-product-4.png);
    }
}
/* 服务流程 结束 */
```

三、制作理财课堂页

大屏幕下理财课堂页效果如本书第四章图 4-6 所示，而小屏幕下理财课堂效果图如图 5-29 所示。

图 5-29 小屏幕下理财课堂页效果

理财课堂页的样式相对于前面的其他页面而言，是一个非常简单的页面，其中所用到的结构在之前的页面的制作中均已提及，可以根据自己的理解用代码实现。

四、制作基民论坛页

大屏幕下基民论坛页效果图如本书第四章图 4-7 所示，而小屏幕下基民论坛效果图如图 5-30 所示。

图 5-30 小屏幕下基民论坛页效果

基民论坛页中值得关注的是发表帖子的板块，其他板块制作难度不大。发表帖子的板块的 HTML 代码如下：

```
<div id="forum_forum" class="container">
    <div class="row forum-box">

        <div id="forum_forum_left" class="col-md-9">
            <form action="#" method="post">
                <div class="user-photo">
                    <img src="img/user.png">
                </div>
                <div class="user-name">
                    小绿豆：
                </div>
                <input type="text" class="forum-text-title" placeholder=" 请输入帖子标题 ...">
                <select class="forum-type">
                    <option> 选择发帖板块 </option>
                    <option> 板块 1</option>
                    <option> 板块 2</option>
                </select>
                <input type="button" class="forum-btn">
                <label for="textfield"></label>
                <textarea name="textfield" id="textfield" class="forum-text" placeholder=" 请输入你
要发表的内容 ..."></textarea>
            </form>
        </div>
        <div id="forum_forum_right" class="col-md-3">
            <div class="forum-right-box">
                <div class="forum-right-1">
                    <div class="forum-discussion">
                        <img class="forum-discussion-img" src="img/forum-discussion.png">
                        <div class="discussion-number">1954 人 </div>
                        <div class="discussion-add hidden-md hidden-sm hidden-xs"> 讨论中 </div>
                    </div>
                </div>
                <div class="forum-right-2">
                    <div class="forum-discussion-title">
                        明天看涨还是看跌
                    </div>
                    <div class="forum-discussion-user">
                        <div class="user-photo">
                            <img src="img/user.png" >
                        </div>
                        <div class="user-name">
                            童心客
                        </div>
                    </div>
```

```
            <div class="forum-discussion-add">
                <div class="eye">
                    12354
                </div>
                <div class="talk">
                    545
                </div>
            </div>
        </div>
        <div class="forum-right-2">
            <div class="forum-discussion-title">
                最近行情不好是因为什么?
            </div>
            <div class="forum-discussion-user">
                <div class="user-photo">
                    <img src="img/user.png" >
                </div>
                <div class="user-name">
                    乡下香
                </div>
            </div>
            <div class="forum-discussion-add">
                <div class="eye">
                    12354
                </div>
                <div class="talk">
                    545
                </div>
            </div>
        </div>
        </div>
        </div>
    </div>
</div>
```

相关 CSS 代码如下:

```
/* 论坛发文 开始 */
#forum_forum{
    margin-top: 15px;
    padding: 0;
}
#forum_forum_left
{
    background-color: white;
    padding-top: 10px;
    box-shadow: 0px 0px 4px #ddd;
    height: 250px;
```

```
}
.user-photo{
    float: left;
    margin-left: 10px;
    height: 40px;
}
.user-photo img{
    height: 100%;
    border-radius:50%
}
.user-name{
    font-size: 3.5em;
    height: 40px;
    line-height: 40px;
    margin-left: 10px;
    float: left;
    font-weight: bold;
}
.forum-text-title{
    background-color: white;
    height: 40px;
    border: 1px solid #e4bb95;
    font-size: 16px;
    width: 31%;
}
.forum-type{
    background: -webkit-gradient(linear, left top, right top , from(#cccccc), to(#fff), color-stop(0.85,
#cccccc), color-stop(0.85, #fff));
    color: #999;
    width: 21%;
    height: 40px;
    border: 1px solid #e4bb95;
    font-size: 16px;
}
.forum-btn{
    float: right;
    width: 18%;
    height: 40px;
    background: #c12e24 url(../img/shopping.gif) no-repeat center;
    vertical-align: bottom;
    border: none;
}
.forum-text{
    margin-top: 20px;
    background-color: #fffbf9;
    font-size: 15px;
    width: 100%;
    height: 160px;
```

```
        border: 1px solid #e4bb95;
        font-size: 16px;
        padding: 10px;
}

.forum-box{
        margin: 0;
        width: 100%;
}
#forum_forum_right{
        padding: 0;
}

#forum_forum_right .forum-right-box{
        height: 250px;
        float: right;
        background-color: white;
        box-shadow: 0px 0px 4px #ddd;
}
.forum-right-1{
        padding: 0;
        height: 71px;
        background-color: #cd4646;
        color: #fff;
}
.forum-discussion{
        width: 80%;
        margin: 0 auto;
        padding-top: 10px;
}
.forum-discussion-title{
        font-size: 2.5em;
        font-weight: bold;
}
.forum-discussion-user .user-name {
        font-size: 2em;
}
.forum-discussion-img{
        float: left;
}
.discussion-number{
        float: left;
        font-size: 30px;
        font-weight: bold;
        text-align: center;
}
.discussion-add{
        float: left;
```

```
        margin-top: 20px;
}
.forum-right-2{
        width: 90%;
        height: 70px;
        margin: 0 auto;
        margin-top: 10px;
        border-bottom: 1px dashed #ccc;
}
.forum-discussion-title{
        font-weight: bold;
}
.forum-discussion-user{
        float: left;
}
.forum-discussion-user .user-photo{
        width: 35px;
        height: 35px;
        margin-left: 0;
        margin-top: 5px;
}
.forum-discussion-user .user-photo img{
        width: 100%;
        height: 100%;
}
.forum-discussion-add{
        float: right;
        padding-top: 16px;
}
.forum-discussion-add .eye{
        float: left;
        background: url(../img/eye.png) no-repeat left;
        padding-left: 20px;
        color: #999;
}
.forum-discussion-add .talk{
        float: left;
        margin-left: 5px;
        background: url(../img/talk.png) no-repeat left;
        padding-left: 20px;
        color: #999;
}
@media screen and (min-width:0px) {
        #forum_forum_right .forum-right-box{
                width: 100%;
                margin-top: 15px;
        }
}
```

```
@media screen and (min-width:992px) {
    #forum_forum_right .forum-right-box{
        width: 97%;
        margin: 0;
    }
}
/* 论坛发文 结束 */
```

五、制作基金详情页

基金详情页是指点击进入一个具体的基金，查看该基金内容的网页，属于基金产品页的衍生页面（见图 5-31）。

这个页面内容丰富，代码量很大，但是结构并不复杂，非常适合阶段性的巩固学习（见图 5-32）。

图 5-31　基金详情页

```
<!-- 头部 开始 -->
<header id="index_header"> [ ... ]
<!-- 头部 结束 -->

<!-- 当前位置 开始 -->
<div class="container now-position"> [ ... ]
<!-- 当前位置 结束 -->

<!-- 基金详情 顶部 开始 -->
<div id="fund_product_top" class="container">
    <div class="topbox-left col-md-4"> [ ... ]
    <div class="topbox-right col-md-8 hidden-sm hidden-xs"> [ ... ]
</div>
<!-- 基金详情 顶部 结束 -->

<div id="fund_product_down" class="container">
<!-- 基金详情 左部 开始 -->
<div id="fund_product_left" class="col-lg-8">
    <ul class="topbox-right-ul"> [ ... ]
    <div class="fund-manager hidden-xs"> [ ... ]
    <div class="fund-profile"> [ ... ]
    <div class="fund-profile-text"> [ ... ]
    </div>
    <div class="hold-fund-position"> [ ... ]
    <div class="product-notice hidden-xs"> [ ... ]
</div>
<!-- 基金详情 左部 结束 -->

<!-- 基金详情 右部 开始 -->
<div id="fund_product_right" class="col-lg-4 hidden-md hidden-sm hidden
    <div class="right-1"> [ ... ]
    <div class="right-1"> [ ... ]
    <div class="right-1"> [ ... ]
</div>
<!-- 基金详情 右部 结束 -->
</div>
```

图 5-32 基金详情页主体代码结构

六、制作登录注册页

注册页和登录页的效果见图 5-33、图 5-34。

图 5-33　注册页效果

图 5-34　登录页效果

　　登录注册页的结构相对简单，可以根据用户的需求，适当改变登录注册页的头部。

　　登录注册页头部的 HTML 代码如下：

```html
<!-- 头部 开始 -->
<header id="login_header" class="container">
    <ul class="header-left col-md-6 col-xs-12">
        <li><img src="img/big_logo.png"/></li>
    </ul>

    <!-- 大屏幕下的 3 个链接 -->
    <ul class="header-right col-md-6 hidden-sm hidden-xs">
        <li><a href="#"> 在线客服 </a></li>
        <li><a href="#"> 常见问题 </a></li>
        <li><a href="index.html"> 网站首页 </a></li>
    </ul>

    <!-- 中小屏幕下的 3 个链接 -->
    <div class="header-bottom">
        <ul class="hidden-lg hidden-md">
            <li><a href="index.html"> 网站首页 </a></li>
            <li><a href="#"> 常见问题 </a></li>
            <li><a href="#"> 在线客服 </a></li>
        </ul>
    </div>
</header>
<!-- 头部 结束 -->
```

　　头部相关 CSS 代码如下：

```css
body{
    background-color: white;
}

/* 头部 */
#login_header{
    background-color: white;
    padding: 0;
}

#login_header ul{
    padding-inline-start:0px;
}
```

```
#login_header ul li{
     list-style: none;
}

#login_header .header-left{
     float: left;
     margin-top: 40px;
}

#login_header .header-left li img{
     display: block;
     margin: 0 auto;
}

#login_header .header-right {
     margin-top: 0px;
}
#login_header .header-right li{
     float: right;
     margin-left: 55px;
     margin-top: 55px;
}
#login_header .header-right li a,
#login_header .header-bottom ul li a{
     color: #000000;
     font-size: 16px;
     font-weight: bold;
}

#login_header .header-bottom{
     width: 480px;
     display: block;
     margin: 0 auto;
}
#login_header .header-bottom ul{
     float: left;
}
#login_header .header-bottom ul li{
     float: left;
     margin: 10px 50px;
     font-size: 16px;
}

#login_header .header-bottom ul li:first-child{
     margin-left: 30px;
}

#login_header .header-bottom ul li:last-child{
```

```
    margin-right: 30;
}

@media screen and (min-width:992px){
    #login_header{
        padding-bottom: 20px;
    }
}
```

登录注册页往往要集登录和注册两个功能于一身，这样做的好处是：一方面用户不必在登录页和注册页之间切换网页，另一方面也可以减少前端工程师的工作量。在浙方基金的登录页中，点击"返回登录"和"前往注册"即可在登录和注册的功能之间进行切换（见图 5–35）。

图 5–35　注册表单

实现上述功能的主要 HTML 代码如下：

```
<!-- 内容 开始 -->
<div id="login_container">
    <div class="login-container container">
        <div class="row init">
        <p class="float-font col-md-6 hidden-sm hidden-xs"> 财富，源自前瞻 </p>
        <div class="login-box" id="login-box">
            <p class="login-box-title"> 欢迎登录 </p>
            <form action="" method="post">
```

```html
            <input type="text" class="login-box-text" placeholder=" 手机号 / 身份证号 " />
            <input type="password" class="login-box-text" placeholder=" 密码 " />
                <a href="index.html"><input type="button" class="login-box-text login-box-
button"/></a>
            </form>
            <div class="login-box-buttom row init">
            <p>
                    没有账号？ <a onclick="show_register()"> 前往注册 </a>
            </p>
            <p>
                    <a href=""> 忘记密码 ?</a>
            </p>
            </div>
        </div>

        <div class="login-box" id="register-box">
            <p class="login-box-title"> 注册 </p>
            <form action="" method="post">
            <input type="text" class="login-box-text" placeholder=" 手机号 " />
            <input type="password" class="login-box-text register-password-box" placeholder=" 验
证码 " />
            <input type="button" class="login-box-text checking-button" value=" 获取验证码 " />
            <a href="index.html"><input type="button" class="login-box-text register-box-button"
value=" 注册 "/></a>
            </form>
            <div class="login-box-buttom row init">
            <p>
                    <a onclick="show_login()"> 返回登录 </a>
            </p>
            <p>
                    <a href=""> 已有账号 </a>
            </p>
            </div>
        </div>

        </div>
    </div>

</div>
<!-- 内容 结束 -->
```

主要 CSS 代码如下：

```
/* 内容 */
#login_container{
    width: 100%;
    overflow: hidden;
    min-height: 777px;
    background-color: #371212;
    background: url(../img/login-bg.jpg) no-repeat center;
    background-size: 1920px 100%;
    /* 背景长度 1920px, 高度 100% */
}

@media screen and (min-width:1920px){
    #login_container{
        /* 屏幕大于 1920px 时，背景长度从 1920px 改为 100vw, 高度 100% */
        background-size:100vw, 100%;
    }
}
.login-container{
    margin: 0 auto;
    margin-top:200px;
}
.login-box{
    width: 438px;
    height: 350px;
    background-color: #FFFFFF;
    border-radius: 10px;
    text-align: center;
    display: block;
    margin: 0 auto;
    padding-top: 20px;
}
.float-font{
    font-size: 50px;
    color: white;
    letter-spacing: 10px;
    line-height: 300px;
}
.login-box-title{
    margin-top: 20px;
    font-size: 35px;
    font-weight: bold;
    letter-spacing: 4px;
}
.login-box-text{
    width: 285px;
    height: 45px;
```

```css
    border-radius: 0.5em;
    border: 1px #999 solid;
    margin-top: 20px;
    padding-left: 10px;
    font-size: 15px;
}
.login-box-button{
    width: 285px;
    background: url(../img/login.jpg);
    border: 0;
}
.login-box-buttom{
    width: 285px;
    margin-left: 75px;
    margin-top: 15px;
    font-size: 13px;
    color: #ccc;
}
.login-box-buttom p:first-child{
    float: left;
}
.login-box-buttom p:last-child{
    float: right;
}

.login-box-buttom a{
    color: #c12f24;
}

@media screen and (min-width:992px){
    .login-box{
        float: right;
    }
}

/* 注册模块 */
#register-box{
    display: none;
}

#register-box .register-password-box{
    width: 180px;
    padding-right: 10px;

}

#register-box .checking-button{
    width: 100px;
```

```
    background-color: #c12f24;
    color: white;
}

#register-box .register-box-button{
    background-color: #c12f24;
    color: white;
    font-size: 18px;
}
```

七、制作"关于浙方"页面

大屏幕下和小屏幕下的"关于浙方"页面效果图分别如图 5–36 和图 5–37
所示。

图 5–36 大屏幕下"关于浙方"页面效果

图 5-37 小屏幕下"关于浙方"页面效果

1. 锚点链接

在当前位置的下方有几个锚点链接，点击这几个锚点链接可以把网页转到同一张网页相应的位置（见图5–38）。

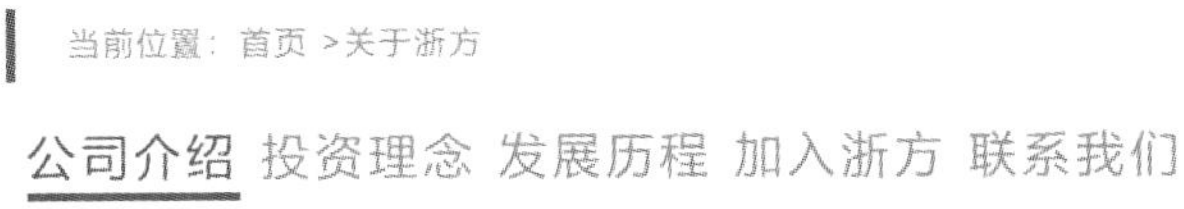

当前位置：首页 >关于浙方

公司介绍 投资理念 发展历程 加入浙方 联系我们

图5–38　当前位置下方的几个锚点链接

锚点链接（也叫书签链接）常常用于那些内容庞杂且烦琐的网页，通过点击命名锚点，不仅能指向文档，还能指向页面里的特定段落，更能当作"精准链接"的便利工具，让链接对象接近焦点，便于浏览者查看网页内容，类似于阅读书籍时的目录页码或章回提示。在需要指定到页面的特定部分时，标记锚点是最佳的方法。

2. 发展历程·大事记

发展历程中使用了 Bootstrap 提供的分页功能。其描述为"为您的网站或应用提供带有展示页码的分页组件，或者可以使用简单的翻页组件"。这个简单的分页组件，在应用或搜索结果中十分适用。组件中的每个部分都很大，优点是容易点击、易缩放、点击区域大，可以在静态网页中实现简单的网页翻页效果（见图5–39）。

发展历程·大事记

« 2010 2011 2012 2013 2014 2015 2016 2017 2018 2019 2020 2021 »

2010-08-11

浙方基金有限公司成立。

2010-09-20

浙方首只开放式基金—嘉实成长收益基金成立。

2010-12-05

浙方获得首批全国社保基金投资管理人资格。

图5–39　发展历程·大事记页面效果

实现"发展历程·大事记"功能的 HTML 代码如下：

```html
<!-- 发展历程·大事记 开始 -->
<div id="about_path" class="container">
    <div class="about-title">
        发展历程·大事记
    </div>
    <ul id="myTab" class="nav nav-tabs">
        <li>
            <a href="#year-2010" aria-label="Previous">
                <span aria-hidden="true">&laquo;</span>
            </a>
        </li>
        <li class="active">
            <a href="#year-2010" data-toggle="tab">
                2010
            </a>
        </li>
        <li>
            <a href="#year-2011" data-toggle="tab">
                2011
            </a>
        </li>
        <li>
            <a href="#year-2012" data-toggle="tab">
                2012
            </a>
        </li>
        <li>
            <a href="#year-2013" data-toggle="tab">
                2013
            </a>
        </li>
        <li>
            <a href="#year-2014" data-toggle="tab">
                2014
            </a>
        </li>
        <li>
            <a href="#year-2015" data-toggle="tab">
                2015
            </a>
        </li>
        <li>
            <a href="#year-2016" data-toggle="tab">
                2016
            </a>
        </li>
```

```
<li>
    <a href="#year-2017" data-toggle="tab">
        2017
    </a>
</li>
<li>
    <a href="#year-2018" data-toggle="tab">
        2018
    </a>
</li>
<li>
    <a href="#year-2019" data-toggle="tab">
        2019
    </a>
</li>
<li>
    <a href="#year-2020" data-toggle="tab">
        2020
    </a>
</li>
<li>
    <a href="#year-2021" data-toggle="tab">
        2021
    </a>
</li>
<li>
    <a href="#year-2021" aria-label="Next">
        <span aria-hidden="true">&raquo;</span>
    </a>
</li>
</ul>
<div id="myTabContent" class="tab-content">
    <div class="tab-pane fade in active" id="year-2010">
        <div class="about-title">
            2010-08-11
        </div>
        <div class="about-text">
            浙方基金有限公司成立。
        </div>
        <div class="about-title">
            2010-09-20
        </div>
        <div class="about-text">
            浙方首只开放式基金—嘉实成长收益基金成立。
        </div>
        <div class="about-title">
            2010-12-05
        </div>
```

```
            <div class="about-text">
                浙方获得首批全国社保基金投资管理人资格。
            </div>
        </div>
        <div class="tab-pane fade" id="year-2011">
            <div class="about-title">2011</div><div class="about-text"> 这是 2011 年发生的事 </div>
        </div>
        <div class="tab-pane fade" id="year-2012">
            <div class="about-title">2012</div><div class="about-text"> 这是 2012 年发生的事 </div>
        </div>
        <div class="tab-pane fade" id="year-2013">
            <div class="about-title">2013</div><div class="about-text"> 这是 2013 年发生的事 </div>
        </div>
        <div class="tab-pane fade" id="year-2014">
            <div class="about-title">2014</div><div class="about-text"> 这是 2014 年发生的事 </div>
        </div>
        <div class="tab-pane fade" id="year-2015">
            <div class="about-title">2015</div><div class="about-text"> 这是 2015 年发生的事 </div>
        </div>
        <div class="tab-pane fade" id="year-2016">
            <div class="about-title">2016</div><div class="about-text"> 这是 2016 年发生的事 </div>
        </div>
        <div class="tab-pane fade" id="year-2017">
            <div class="about-title">2017</div><div class="about-text"> 这是 2017 年发生的事 </div>
        </div>
        <div class="tab-pane fade" id="year-2018">
            <div class="about-title">2018</div><div class="about-text"> 这是 2018 年发生的事 </div>
        </div>
        <div class="tab-pane fade" id="year-2019">
            <div class="about-title">2019</div><div class="about-text"> 这是 2019 年发生的事 </div>
        </div>
        <div class="tab-pane fade" id="year-2020">
            <div class="about-title">2020</div><div class="about-text"> 这是 2020 年发生的事 </div>
        </div>
        <div class="tab-pane fade" id="year-2021">
            <div class="about-title">2021</div><div class="about-text"> 这是 2021 年发生的事 </div>
        </div>
    </div>
</div>
<!-- 发展历程·大事记 结束 -->
```

其 CSS 代码如下：

```
/* 发展历程·大事记 开始 */
#about_path{
}
#myTab{
     height: 60px;
     margin-top: 20px;
     background-color: #e6e6e6;
     position: relative;
     overflow: hidden;
     border-bottom: 2px solid #c22f25;
}
#myTab li{
     font-size: 20px;
     font-weight: bold;
     text-align: center;
}
#myTab li a{
     color: #999;
     font-size: 1.2em;
     vertical-align:middle;
}
#myTab .active a{
     background-color: transparent;
     border: none;
     border-bottom: 10px solid #c22f25;
}
#myTab li a:hover{
     box-sizing: content-box;
     border-bottom: 10px solid #c22f25;
}
/* 发展历程·大事记 结束 */
```

第六章

金融科技平台动态效果的实现（一）

第一节 搭建开发环境

一、认识内容管理系统

内容管理系统（content management system，CMS）是一种位于 WEB 前端（Web 服务器）和后端办公系统或流程（内容创作、编辑）之间的软件系统。内容管理系统一般采用基于模板方式的设计思想，可以加快网站开发的速度并降低开发的成本。内容的创作人员、编辑人员、发布人员使用内容管理系统来提交、修改、审批、发布内容。这里的"内容"可能包括文件、表格、图片、数据库中的数据甚至视频等一切想要发布到 Internet、Intranet 及 Extranet 网站的信息。

内容管理系统其实是一个很广泛的概念，从一般的博客程序、新闻发布程序到综合性的网站管理程序，都可以被称为内容管理系统。

根据不同的需求，内容管理系统有几种不同的分类方法。比如，根据应用层面的不同，内容管理系统可以分为重视后台管理的内容管理系统、重视风格设计的内容管理系统、重视前台发布的内容管理系统等。

内容管理系统可以让我们不需要学习太多复杂的建站技术和 HTML 语言，就能够构建出一个风格统一、功能强大的专业网站。

作为面向 WEB 开发的内容管理系统，其开发阵营一般分为 PHP、.NET、JSP。

一个内容管理系统通常有如下要素：一是文档模板，二是脚本语言或标记语言，三是与数据库集成。

内容的包含物由内嵌入页面的特殊标记控制，这些标记对于一个内容管理系统通常是唯一的。这些系统通常有对较复杂的操作的语言支持，如 Python、Perl、Java 等。

内容管理系统对站点管理和创造编辑都有好处。其中最大的好处是能够使用模板和通用的设计元素，以确保整个网站的协调。工作人员只需在他们的文档中采用少量的模板代码，然后就可把精力集中在设计之上的内容了。要改变网站的外观，管理员只需修改模板而不是一个个单独的页面。

内容管理系统也简化了网站的内容供给和内容管理的责任委托。很多内容管理系统允许对网站不同层面的人员赋予不同等级的访问权限，这使他们不必研究操作系统级的权限设置，只需用浏览器接口即可完成。

其他的特性如搜索引擎、日历、Web 邮件等，也会内置于内容管理系统，或允许以第三方插件的形式集成进来。

二、选择内容管理系统

从技术的角度来说，内容管理系统系统就是一座桥梁，把网站的前端页面和后台管理连接起来。通过网站后台可以管理前台的绝大部分内容，特别方便，内容管理系统还大大降低了网站建设的难度。

个人电脑时代各大内容管理系统混战的局面已经结束，现在内容管理系统江湖格局已定，目前主流的、可供选择的开源内容管理系统如下：

国外：JOOMLA!、DRUPAL、WordPress。

国内：PageAdmin、织梦 DedeCMS、DISCUZ!、JTBC。

根据阿里云服务器最新安装统计，内容管理系统依然是目前最主流的网站建设方式，在所有安装的网站中，使用内容管理系统的比例高达 58.1%。

内容管理系统竞争激烈，上面列举的这些内容管理系统不知经过了多少腥风血雨的厮杀，才坚持到现在。既然这些内容管理系统都是"媳妇熬成婆"的精英，那说明它们本身在使用率、功能和稳定性等方面都不存在问题。那么该如何根据自己网站的具体情况选择合适的内容管理系统呢？这里最核心的问题是究竟要建设一个什么样的网站。

可以从以下几个方面，来综合确定自己的建站需求。

1. 根据网站主要类型来选择内容管理系统

企业网站：PageAdmnin、DedeCMS 和 DISCUZ! 都能胜任，关键在于模板，从维护和使用上来说，没必要用 DISCUZ!，因为它的很多功能都与企业网站无关。

个人博客：WordPress、PageAdmin、DedeCMS 都可以制作，简单来说，WordPress 就是专业的个人博客系统，所以很适合功能操作要求简单的用户。

资讯站：同上，各种内容管理系统都能采用，建议采用 PageAdmin 和 DedeCMS，不建议采用 WordPress，大数据下 WordPress 很卡，除非自己可以优化代码。

社区论坛：DISCUZ! 是首选，就算用其他系统，交流论坛还得配套 DISCUZ! 来完成。

电商网站：另有电商系统建设较大型的电商网站，上述四个系统则可以通过插件或扩展等来实现网站的电子商务功能，建议采用专业的电商系统来搭建，比如 ecshop（需付费）。

2. 根据网站第一需求来选择内容管理系统

信息需求：如重在展示信息，则上述几个建站系统都可以采用。

速度需求：PageAdmin 速度最快，DedeCMS 生成静态速度也很好，WordPress 速度最慢。

功能需求：从功能扩展或开发来看，PageAdmin 和 DedeCMS 本身的扩展功能就很好，WordPress 功能很少，但是可以通过安装插件扩展功能，但是插件安装得太多会影响速度和稳定性。

安全需求：首选 PageAdmin（安全性很好、学习难度大点），DedeCMS 漏洞很多，WordPress 的漏洞主要来源于插件的参差不齐。

SEO 优化：SEO 和 CMS 有关系，但并不密切，因为大多数 CMS 系统是很利于 SEO 的，SEO 功能都很完善。相对而言，DedeCMS 和 PageAdmin 很利于做 SEO；对于 WordPress，需要安装优化插件来辅助实现；DISCUZ! 的网站结构不是很利于做 SEO，需要进行较大工作量的调整。

因此从长远来看，建议制作个人博客类的网站用 WordPress、制作企业单位类的网站用 PageAdmin。

三、搭建开发环境

浙方基金网站选择了 XAMPP（Apache+MySQL+PHP+PERL）作为动态网站集成开发环境（下载链接：http://sourceforge.net/projects/xampp/files/）、WordPress 作为内容管理系统（下载链接：http://bitnami.com/stack/xampp#WordPress）。

1. XAMPP 的安装配置

（1）安装

双击应用程序 🐘 xampp-windows-x64-7.4.22-0-VC15-installer.exe ，出现下列提示框，选择 Yes（见图 6–1）。

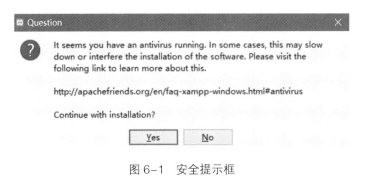

图 6-1　安全提示框

一路点击"Next"按钮，来到欢迎安装界面（见图6-2）。

图6-2 欢迎安装界面

然后选择需要安装的服务器、数据库、编程语言等（见图6-3）。

图6-3 选择安装组件界面

选择安装路径（见图 6-4）。

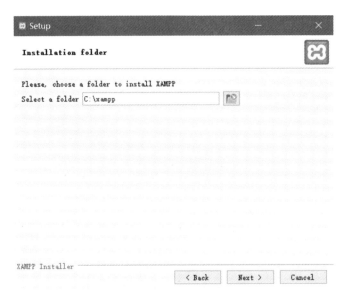

图 6-4　安装路径选择框

选择语言"English"（见图 6-5），再按"Next"按钮，来到 XAMPP 的内容选择界面，仍按"Next"按钮（见图 6-6）。

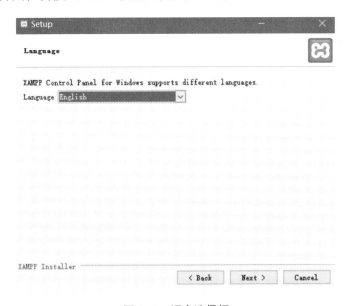

图 6-5　语言选择框

图6-6　是否了解更多关于 XAMPP 的内容选择框

在准备安装界面按"Next"按钮开始安装（见图6-7）。

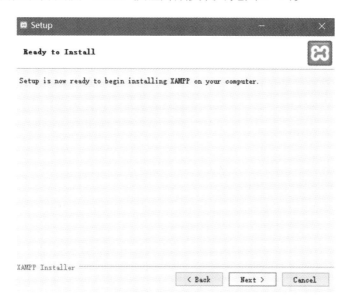

图6-7　准备好开始安装

（2）配置

双击上述安装路径 C:\xampp 下的 xampp-control.exe ，启动 XAMPP

软件，出现图 6-8 所示的控制面板。

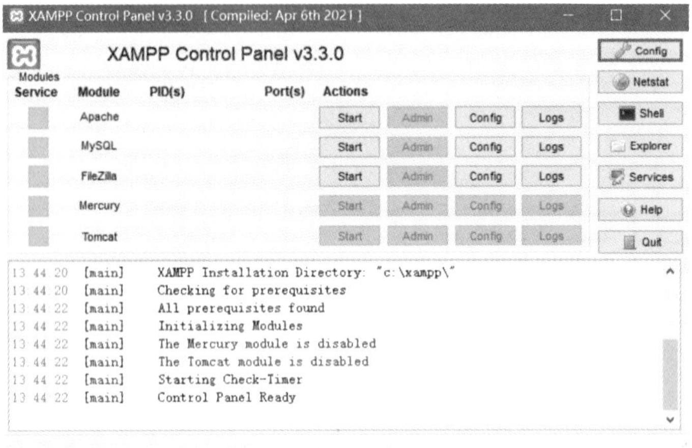

图 6-8　XAMPP 控制面板

启动 Apache 和 MySQL 各自后面的"Start"按钮，如果两个按钮都变成 Stop 或者下边没有弹出红色字体报错，那就说明安装成功了！

但是，对于大多数人来说，如果曾经安装过 SQLServer、MySQL、IIS 或者 Apache 等软件，会导致端口的复用。因此在错误窗口常看到包含 port 的红色提示信息，如图 6-9 所示，这时候就需要修改端口来解决。

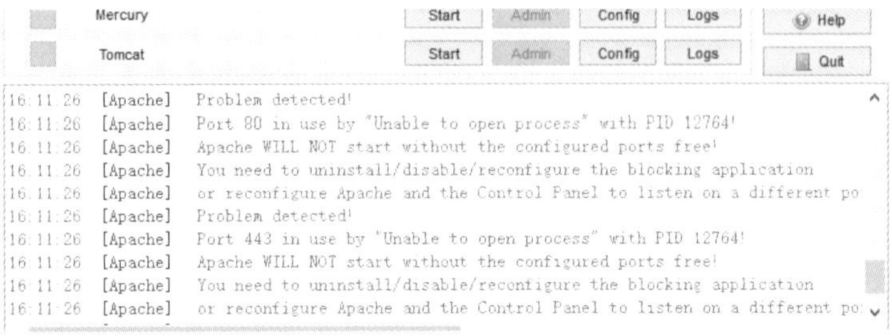

图 6-9　启动 Apache 服务器可能出现的红色报错信息

Apache 的端口默认为 80，Apache 还需要配置 SSL 的端口，默认为 443；MySQL 的端口默认为 3306。

这时可以将 Apache、MySQL、SSL 的端口依次更改为：81，3366，4433，下面详细介绍如何修改配置文件来更改端口。

① 先配置 Apache 和 SSL。

在图 6-10 中可以很清晰地看到，Apache 的后面有一个"Config"按钮，点击选择下面的第一个文件：Apache（httpd.conf），这个文件就是配置 Apache 的端口的文件，该文件在安装路径下可以找到，如笔者的文件在以下地址：C:\xampp\apache\conf\httpd.conf。

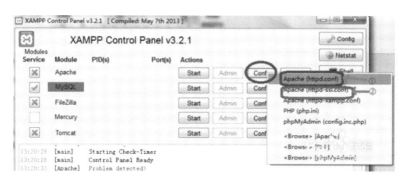

图 6-10　配置 Apache 的端口的文件

打开该文件 Apache（httpd.conf），利用查找替换功能把所有 80 改为 81，修改后保存。接下来再修改 SSL，打开 Apache（httpd-ssl.conf）的文件，利用查找替换功能把所有 443 全部改为 4433，修改后保存。然后再启动 Apache，就可以正常启动了（出现 Apache 选项），相应的按钮会显示绿色底纹。详细的参数见图 6-11。此时 Apache 已经在运行。

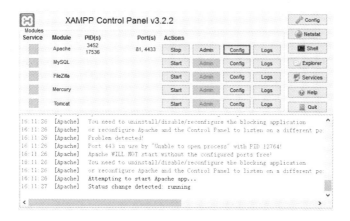

图 6-11　Apache 启动成功界面

要检验 Apache 是否成功启动，只需要在浏览器中输入 localhost（如果端口由 80 改为 81 了，就加上端口号，即在浏览器中输入 localhost：81，看到如图 6-12 所示界面，就说明安装成功了。

图 6-12 Apache 成功启动后浏览器显示的内容

② 配置 MySQL 的环境

点击 MySQL 后面的"Config"按钮，选择 my.ini 文件，作者的文件在 C:\xampp\MySQL\bin\my.ini，打开修改里面的端口，利用查找替换功能，将所有 3306 端口改为 3366，修改后保存，再尝试启动。如果 MySQL 可以正常启动，就不需要再配置了。

Apache 和 MySQL 正常启动后的控制面板如图 6-13 所示。

图 6-13 Apache 和 MySQL 正常启动后的控制面板

166

③ 运行项目

打开本机服务器文件夹"安装盘符 /xampp/htdocs"，创建三个项目所需的 HTML 文件、数据库 SQL 文件、PHP 文件，名字建议用英文小写，因为 htdocs 文件夹下起中文名字不利于外界访问，可能会出现乱码。

在此过程中，要注意以下几点：

第一，我们自己写的文件该放在哪里才能运行呢？答案是在 xampp\htdocs 目录下，如果存在 index.php 文件，优先执行该文件；如果不存在，则访问 localhost 将显示网站目录。

第二，当前该服务器是可以直接执行 PHP 类型的文件的。在该 xampp\htdoc 目录下新建 a.php 文件，输入代码 <?php echo 'ZFC welcome you!';?>，打开浏览器访问 localhost/a.php。

在浏览器地址栏中输入 localhost/index.html 再运行项目，就可以看到效果了（ZFC welcome you!）。

2. WordPress 的安装配置

（1）将下载到的 WordPress 压缩包 WordPress-5.8-zh_CN.zip 并解压，得到一个 WordPress 文件夹。

（2）将 WordPress 文件夹移动到安装盘符 /xampp/htdocs 下（此文件夹即 localhost），一般将 WordPress 文件夹重新命名为自己网站的名字，如 zfjj（见图 6-14）。

图 6-14 动态网站文件夹的存放位置

（3）打开 XAMPP，运行 Apache 和 MySQL（见图 6–15）。

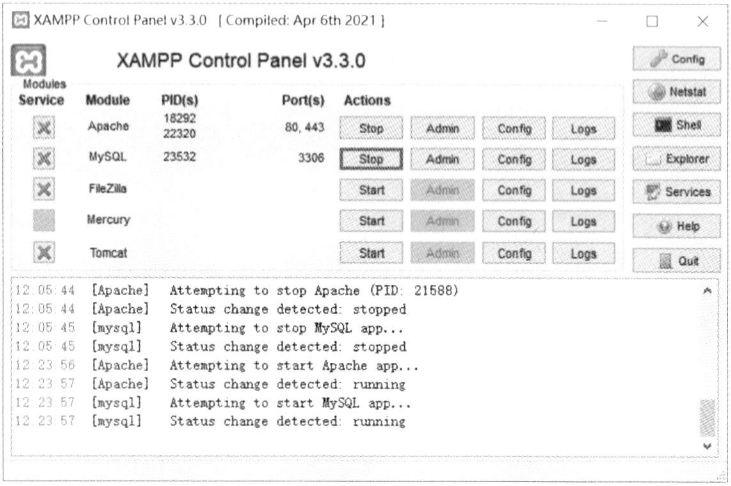

图 6–15　运行 Apache 和 MySQL

（4）先点击图 6–15 中 MySQL 后面的"Admin"按钮进入 phpmyadmin，新建数据库如 zfjj（见图 6–16）。

图 6–16　新建数据库 zfjj

（5）打开浏览器在地址栏输入"localhost/"（WordPress 文件夹的名字），开始安装 WordPress。安装提示界面如图 6–17、图 6–18 所示。

图 6-17　WordPress 安装提示界面（一）

图 6-18　WordPress 安装提示界面（二）

　　填好相关信息后单击"提交"按钮，弹出数据库连接正确，用户可以安装的提示如图 6-19 所示。

不错。您完成了安装过程中重要的一步，WordPress现在已经可以连接数据库了。如果您准备好了的话，现在就...

运行安装程序

图 6-19　WordPress 安装提示界面（三）

单击"运行安装程序"按钮，需要填写站点标题、用户名、密码、电子邮件，以及是否勾选"对搜索引擎的可见性"（一般不勾选），如图 6-20 所示。

欢迎

欢迎使用著名的WordPress五分钟安装程序！请简单地填写下面的表单，来开始使用这个世界上最具扩展性、最强大的个人信息发布平台。

需要信息

您需要填写一些基本信息。无需担心填错，这些信息以后可以再次修改。

站点标题	浙方基金	* 网站名称
用户名	admin	
	用户名只能含有字母、数字、空格、下划线、连字符、句号和'@'符号。	登录网站后台的用户名和密码
密码	123456　　　　　👁 隐藏	
	非常弱	
	重要： 您将需要此密码来登录，请将其保存在安全的位置。	
确认密码	✓ 确认使用弱密码	
您的电子邮箱地址	z▇▇▇@outlook.com	
	请仔细检查电子邮箱地址后再继续。	
对搜索引擎的可见性	☐ 建议搜索引擎不索引本站点	
	搜索引擎将本着自觉自愿的原则对待WordPress提出的请求。并不是所有搜索引擎都会遵守这类请求。	

安装WordPress

图 6-20　WordPress 安装提示界面（四）

（6）单击"安装 WordPress"，提示安装完成，如图 6-21 所示。

图 6-21 WordPress 安装提示界面（五）

（7）登录到 WordPress 网站的管理后台，地址是：http://localhost/ ×××/wp-admin，其中 ××× 是 WordPress 文件夹的名字，如果登录成功，就表示我们的 WordPress 已经安装成功了（见图 6-22）。

图 6-22 WordPress 管理后台页面

（8）在浏览器地址栏输入 http://localhost/ ×××（ ××× 是 WordPress 文件夹的名字）则进入网站前台页面，如图 6-23 所示。

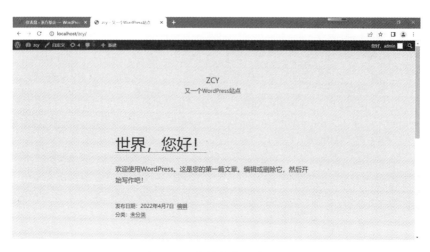

图 6-23　网站前台用户页面

需要说明的是：

①在 htdocs 目录里，可以创建无数个目录（即动态网站），也就是说可以安装无数个 WordPress，比如创建一个 snxy 的目录，那么安装地址就是 http://localhost/snxy/。

②在 phpmyadmin 里，也是可以创建无数个数据库和数据库用户的，但为了不搞混，尽量使每一个 WordPress 对应一个数据库和数据库用户。

第二节　认识 WordPress 主题

WordPress 的主题就是 WordPress 网站的全部外观表现（当然还有其他），采用不同的 WordPress 主题，意味着网站拥有不同的颜色搭配、不同的字体选择、不同的样式布局等。下面我们一起来了解 WordPress 主题相关的数据目录结构、文件目录，学习从零开始搭建"浙方"基金动态网站的主题目录框架。

本节任务的目标是：

（1）了解什么是 WordPress 的主题。

（2）了解 WordPress 的主题数据目录结构。

（3）了解 WordPress 的主题文件目录。

（4）能够从零开始搭建"浙方"基金动态网站的主题目录框架。

一、了解 WordPress 的主题

WordPress 的主题就是 WordPress 网站的全部外观表现（当然还有其他）。就像我们走在校园里，迎面走来一位老师，她的发型、妆容、衣着等构成了我们对这位老师的基本印象。而这位老师衣着打扮的改变，会给我们带来完全不同的印象。在这里，我们可以将这位老师的发型、妆容和衣着等看成是她的主题。而网站的主题也是同样的道理，采用不同的主题，可能意味着网站拥有不同的颜色搭配、不同的字体选择、不同的样式布局等。

在建设了 WordPress 网站后，默认使用 WordPress 自带的基本的主题。不同主题的样式可能相差很大，要想让网站完全符合自己的审美，可能需要自己开发，或者购买 WordPress 主题开发者开发的现有主题。

总之，WordPress 的主题是由一系列文件和 CSS 样式表构成的，从而呈现出一个漂亮的 WordPress 网站。每个主题都是不同的，这样 WordPress 用户就可以随时更改 WordPress 网站的外观。

二、了解 WordPress 的数据目录结构

1. WordPress 的本地路径

浙方基金网站目录 zfjj 是在 xampp/htdocs 这个目录下的（见图 6-24）。

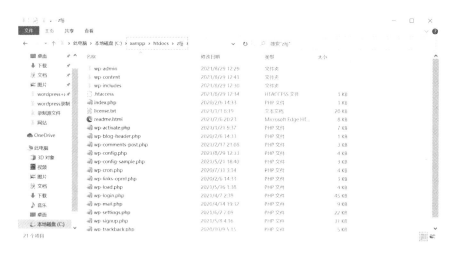

图 6-24　WordPress 本地路径

2. WordPress 的本地目录（如 zfjj）

WordPress 的本地目录（如 zfjj）组成如图 6-25 所示。主要包括 wp-admin（WordPress 后台管理页面）、wp-content（主题、插件、内容的文件夹）等。

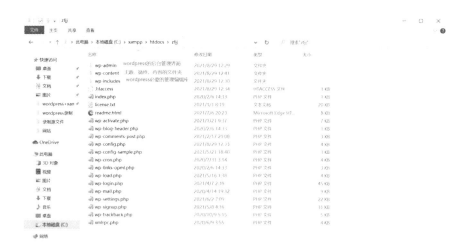

图 6-25　WordPress 的本地目录（如 zfjj）组成

3. WordPress 的常用目录 wp_content

WordPress 的常用目录 wp_content 组成如图 6-26 所示。

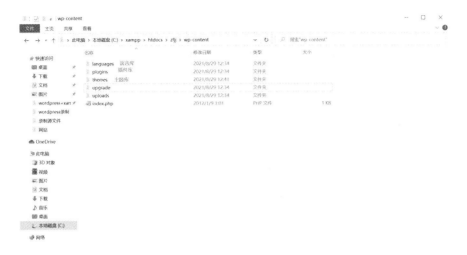

图 6-26　常用目录 wp_content 的组成

4. 数据库 zfjj 中 WordPress 自带的各数据表的作用

数据库 zfjj 中 WordPress 自带的各数据表（见图 6-27）的作用如下。

wp_commentmeta：用于保存评论的元信息，在将评论放入回收站等操作时会将数据放入此表，Akismet 等插件也会生成此表的数据。

wp_comments：用于保存评论信息。

wp_links：用于保存用户输入到 WordPress 中的链接（通过 Link Manager）。

wp_options：用于保存 WordPress 相关设置、参数的表，里面包括了大量的重要信息。

wp_postmeta：用于保存文章的元信息。

wp_posts：用于保存所有的文章相关信息，非常重要，一般它存储的数据是最多的。

wp_terms：文章和链接分类及文章的 tag 分类可以在这张表里找到。

wp_term_relationships：日志与 wp_terms 中的类别与标签联合起来共同存储在 wp_terms_relationships 表中。类别相关链接也存储在 wp_terms_relationships 表中。

wp_term_taxonomy：对 wp_terms 表中的条目分类（类别、链接以及标签）进行说明。

wp_usermeta：用于保存用户元信息。

wp_users：用于保存 WordPress 使用者的相关信息。

meta_id：自增唯一 ID。

comment_id：对应评论 ID。

meta_key：键名。

meta_value：键值。

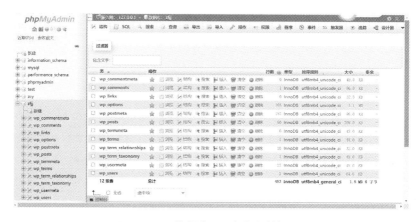

图 6-27　数据库 zfjj 中的各数据表

三、了解 WordPress 主题文件目录

1. 主题文件存放目录

主题文件存放目录为：Xampp/htdocs/zfjj（WordPress 文件夹）/wp-content/themes（见图 6-28）。WordPress 在安装后自带的主题文件夹（twentyninteen）如图 6-29 所示。

图 6-28　主题文件存放目录

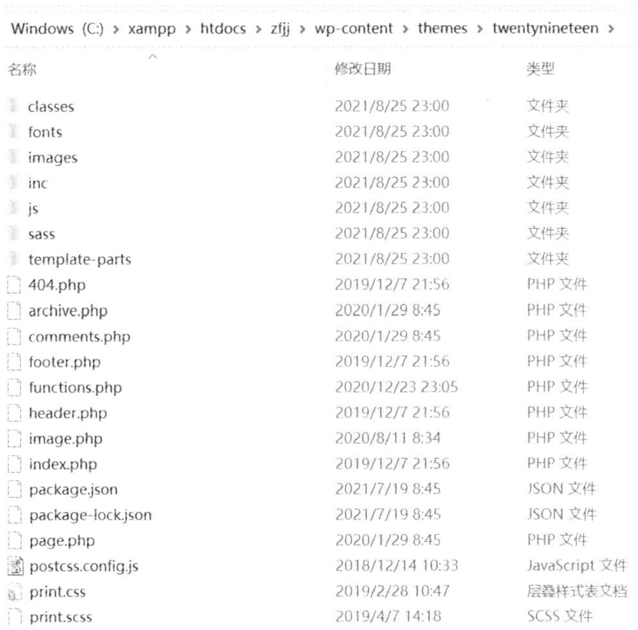

图 6-29　WordPress 在安装后自带的主题（twentynineteen 文件夹）

2. 主题主要文件讲解

404.php：当找不到被访问的页面时使用该页面展示，也就是所谓的错误页面。

archive.php：文档默认归档页面，用于显示文章列表。

comments.php：评论模板文件，用户显示评论框和评论列表。

footer.php：主题公用底部文件，即页脚。

functions.php：主题核心函数文件，用于实现各种功能。

header.php：主题公用头部文件，即页眉。

image.php：主题图片展示文件，用于显示图片。

index.php：默认首页文件，系统默认文件，当找不到其他页面文件时默认使用该文件展示（必须有）。

page.php：默认页面文件，用于展示页面。

readme.txt：用于说明主题，一般不用。

screenshot.png：主题封面图片，后台主题列表显示的封面。

search.php：默认搜索结果展示页面。

sidebar.php：默认侧边栏文件。

single.php：默认文章内容页展示页面。

style.css：默认文章样式表文件，包含主题基本信息（必须有）。

3. Style. css：默认文章样式表文件，可以包含常规 css 文件中的任何内容

Theme Name (*)：主题名称。

Theme URI：公共网页的 URL，用户可以在其中找到有关该主题的更多信息。

Author (*)：开发主题的个人或组织的名称。 建议使用主题作者的 WordPress.org 用户名。

Author URI：创作个人或组织的网址。

Description (*)：简短描述的主题。

Version (*)：该版本以 X.X 或 X.X.X 格式编写。

License (*)：主题的协议。

License URI (*)：主题许可证的 URL。

Text Domain (*)：用于文本域的字符串，用于翻译。

Tags：允许用户使用标签过滤器查找主题的单词或短语。标签的完整列表在"主题评论手册"中。

在所需的标题部分之后，style.css 可以包含常规 CSS 文件中的任何内容。

四、从零开始搭建网站的主题目录框架

（1） 在 Windows(C:)/xampp/htdocs/zfjj/wp-content/themes创建 zfjj 主题目录。

这时 themes 目录下有 4 个主题目录：twentynineteen、twentytwenty、

twentytwentyone、zfjj（见图 6–30）。

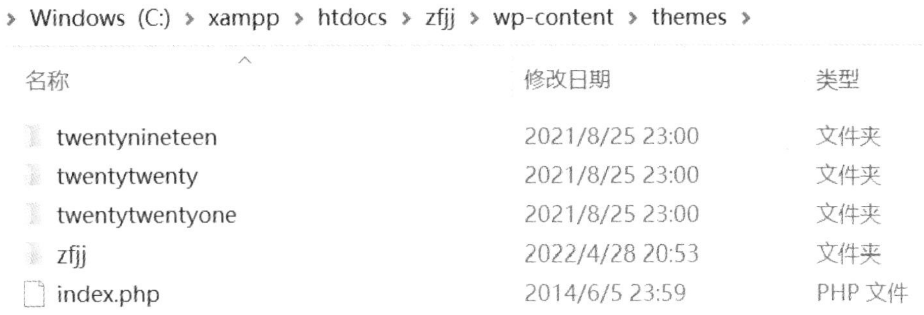

> Windows (C:) > xampp > htdocs > zfjj > wp-content > themes >
名称
修改日期
类型
twentynineteen
2021/8/25 23:00
文件夹
twentytwenty
2021/8/25 23:00
文件夹
twentytwentyone
2021/8/25 23:00
文件夹
zfjj
2022/4/28 20:53
文件夹
index.php
2014/6/5 23:59
PHP 文件

图 6–30　zfjj 主题目录

（2）在谷歌浏览器中输入 http://localhost/zfjj/wp–admin/，可登录网站后台（一般用户名和密码都是 admin），如图 6–31 所示。

用户名或电子邮箱地址
admin
密码
记住我
登录

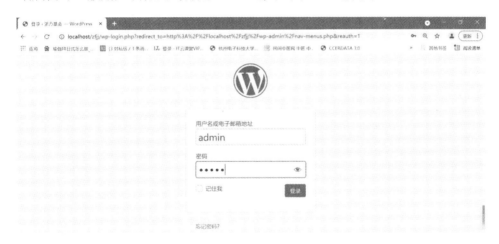

图 6–31　登录界面

在后台选择“外观”→“主题”启用“浙方基金”主题，左下角提示主题 zfjj 已经安装但不完整，如图 6–32 所示。

图 6-32　后台提示损坏的主题 zfjj

（3）在 Windows(C:)/xampp/htdocs/zfjj/wp-content/themes/zfjj 主题目录下创建第 1 个文件 style.css [默认文章样式表文件，包含主题基本信息（必须有）] 并输入以下代码。

```
/*
Theme Name: 浙方基金
Author: 章和平、张佳怡、施克泳、张楚怡
Description: 金融工程专业
Requires PHP: 5.2.4
Version: 1.0
*/
```

（4）在主题目录下创建第 2 个文件 index.php [默认首页文件，系统默认文件，当找不到其他页面文件时默认也使用该文件展示（必须有）]，并输入以下代码：

```
<?php echo " 浙方基金网站首页 "; ?>
```

（5）选择"外观"→"主题"启用"浙方基金"主题，显示如图 6-33 所示。

图 6-33 主题外观界面（一）

（6） 在 Windows(C:)/xampp/htdocs/zfjj/wp-content/themes/zfjj 主题目录下创建 screenshot.png 文件（主题封面图片），后台主题显示如图 6-34 所示。

图 6-34 主题外观界面（二）

（7）在览器地址栏输入 http://localhost/zfjj/，打开网站首页可以看到"浙方基金网站首页"，如图 6-35 所示。

浙方基金
localhost /
管理主题
localhost/
localhost/zfjj/
更新
浙方基金网站首页

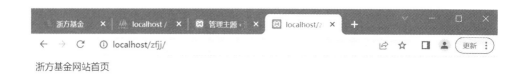

图 6-35　浙方基金网站首页测试

（8）制作网站统一的头部文件 header.php，并在首页 index.php 中引用。

第一，在浙方基金的主题文件夹 Windows(C:)/xampp/htdocs/zfjj/wp-content/themes/zfjj 下创建 header.php 文件，如图 6-36 所示。

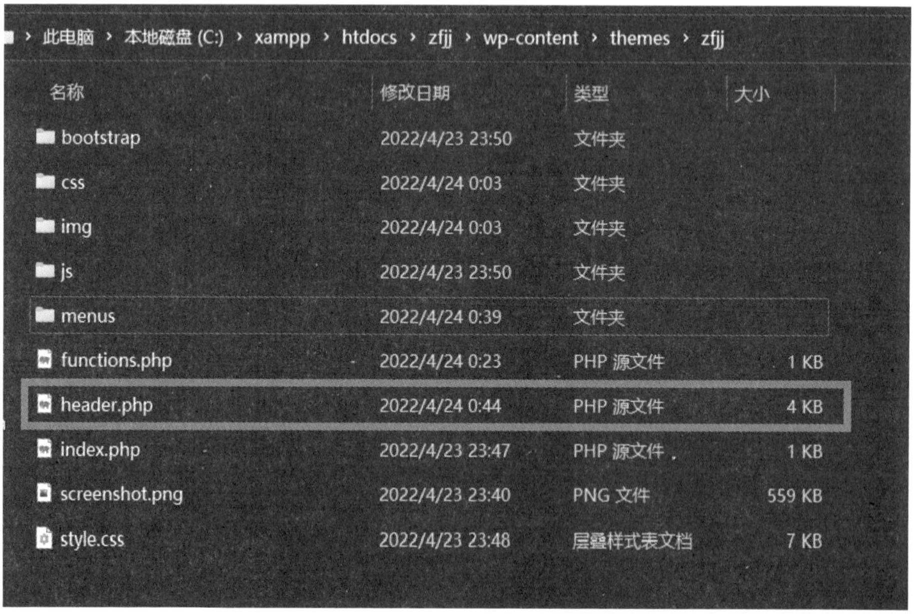
› 此电脑 › 本地磁盘 (C:) › xampp › htdocs › zfjj › wp-content › themes › zfjj
名称
修改日期
类型
大小
bootstrap
2022/4/23 23:50
文件夹
css
2022/4/24 0:03
文件夹
img
2022/4/24 0:03
文件夹
js
2022/4/23 23:50
文件夹
menus
2022/4/24 0:39
文件夹
functions.php
2022/4/24 0:23
PHP 源文件
1 KB
header.php
2022/4/24 0:44
PHP 源文件
4 KB
index.php
2022/4/23 23:47
PHP 源文件
1 KB
screenshot.png
2022/4/23 23:40
PNG 文件
559 KB
style.css
2022/4/23 23:48
层叠样式表文档
7 KB

图 6-36　在浙方基金的主题文件夹下创建 header.php 文件

第二，从静态网站中把 bootstrap、css、img、js等资源文件夹复制到 Windows(C:)/xampp/htdocs/zfjj/wp-content/themes/zfjj主题文件夹目录。

第三，使用文本编辑器 VS Code（Visual Studio Code）打开浙方基金主题所在目录，并把静态网页（index.html）中的网页头部内容相关代码（head+ 头部 +js 等引用代码）复制到 header.php 文件中。

```
<!doctype html>
<html lang="zh-CN">
    <head>
        <meta charset="utf-8">
        <meta http-equiv="X-UA-Compatible" content="IE=edge">
        <meta name="viewport" content="width=device-width, initial-scale=1">
        <!-- 上述 3 个 meta 标签 * 必须 * 放在最前面，任何其他内容都 * 必须 * 跟随其后！ -->
        <title> 浙方基金 </title>

        <!-- 引用 bootstrap 的样式文件 bootstrap.min.css -->
        <link rel="stylesheet" type="text/css" href="bootstrap/css/bootstrap.min.css" />
        <!-- 引用网站的通用样式文件 style.css -->
        <link rel="stylesheet" type="text/css" href="css/style.css">
<!-- 引用网站首页的样式文件 index.css -->
        <link rel="stylesheet" type="text/css" href="css/index.css" />
<!-- 给网站首页添加图标文件 icon.png -->
        <link rel="shortcut icon" type="images/x-icon" href="img/icon.png">
    </head>
    <body>
        <!-- 头部 开始 -->
        <header id="index_header">
            <!-- 上部分 -->
            <!-- 响应式工具详见 https://v3.bootcss.com/css/#responsive-utilities -->
            <div class="top-bar hidden-sm hidden-xs text-center">
                <!-- 流式布局容器
                将最外面的布局元素 .container 修改为 .container-fluid，就可以将固定宽度的栅格
布局转换为 100% 宽度的布局。 -->
                <div class="con container">
                    <ul class="top-bar-left">
                        <li><a href="#"> 个人登录 </a></li>
                        <li><a href="#"> 个人开户 </a></li>
                        <li><a href="#"> 机构登录 </a></li>
                        <li><a href="#"> 机构开户 </a></li>
                    </ul>
                    <ul class="top-bar-right">
                        <li><a href="#"> 服务号 </a></li>
                        <li><a href="#">APP 下载 </a></li>
                    </ul>
                </div>
            </div>
            <!-- 中部分 -->
            <div class="top-mid  hidden-xs">
                <div class="container">
                    <div class="top-mid-box">
                        <div class="top-mid-1">
                            <img src="img/big_logo.png" id="logo">
                        </div>
```

```
<div class="top-mid-2 hidden-md hidden-sm">
    <span class="main-color"> 客服电话：400-671-459</span>
</div>
<!-- 查询栏 -->
<div class="top-mid-3 pull-right hidden-sm">
    <form class="navbar-form navbar-left" role="search">
        <div class="form-group">
            <input type="text" class="form-control search-box"
placeholder=" 基金名称 / 代码 / 经理 " name="s"
                id="s">
        </div>
        <button type="submit" class="btn btn-default">
            <img src="img/search.gif">
        </button>
    </form>
</div>
</div>
</div>
</div>

<!-- 下部分 -->
<nav class="navbar navbar-default navbar-static-top index-navbar">
    <div class="container index-navbar-box">
        <!-- Brand and toggle get grouped for better mobile display -->
        <div class="navbar-header">
            <!-- 汉堡 / 三层 / 三线 按钮 -->
            <button type="button" class="navbar-toggle collapsed" data-toggle="collapse"
                data-target="#index-nav" aria-expanded="false">
                <span class="sr-only">Toggle navigation</span>
                <span class="icon-bar"></span>
                <span class="icon-bar"></span>
                <span class="icon-bar"></span>
            </button>
            <a class="navbar-brand hidden-lg hidden-md hidden-sm" href="#">
                <img src="img/logo.png">
                <span> 浙方基金 </span>
            </a>
        </div>

        <!-- Collect the nav links, forms, and other content for toggling -->
        <div class="collapse navbar-collapse" id="index-nav">
            <ul class="nav navbar-nav">
                <li class="active"><a href="index.html"> 首　页 <span class="sr-
only">(current)</span></a></li>
                <li><a href="#"> 浙方宝 +</a></li>
                <li><a href="product.html"> 基金产品 </a></li>
                <li><a href="service.html"> 尊享理财 </a></li>
```

```
<li><a href="course.html"> 理财课堂 </a></li>
<li><a href="forum.html"> 基民论坛 </a></li>
<li><a href="about.html"> 关于浙方 </a></li>
</ul>
</div><!-- /.navbar-collapse -->
</div><!-- /.container-fluid -->
</nav>
</header>
<!-- 头部 结束 -->

<!-- 加载 Bootstrap 的 jQuery 文件 jquery.min.js，Bootstrap 的所有 JavaScript 插件都依赖
jQuery，所以必须放在前边 ) -->
<script src="bootstrap/js/jquery.min.js" type="text/javascript" charset="utf-8"></script>
<!-- 加载 Bootstrap 的所有 JavaScript 插件 bootstrap.min.js -->
<script src="bootstrap/js/bootstrap.min.js" type="text/javascript" charset="utf-8"></script>
<!-- 加载 网站首页的 js 文件 index.js -->
<script src="js/index.js" type="text/javascript" charset="utf-8"></script>
```

第四，修改头部 header.php 中 css、img、js、jquery 等文件路径为绝对路径。部分类型文件路径见表 6-1。

表 6-1　部分类型文件路径

序号	修改前路径及文件名	修改后路径及文件名
1	bootstrap/css/bootstrap.min.css	<?php echo get_template_directory_uri(); ?>/bootstrap/css/bootstrap.min.css
2	css/style.css	<?php echo get_template_directory_uri(); ?>/css/style.css
3	css/index.css	<?php echo get_template_directory_uri(); ?>/css/index.css
4	img/icon.png	<?php echo get_template_directory_uri(); ?>/img/icon.png
5	img/big_logo.png	<?php echo get_template_directory_uri();?>/img/big_logo.png
6	bootstrap/js/jquery.min.js	<?php echo get_template_directory_uri(); ?>/bootstrap/js/jquery.min.js
7	bootstrap/js/bootstrap.min.js	<?php echo get_template_directory_uri();?>/bootstrap/js/bootstrap.min.js
8	js/index.js	<?php echo get_template_directory_uri(); ?>/js/index.js

在所有引用路径前加 <?php echo get_template_directory_uri(); ?>，就变为了绝对路径。

第五，为了便于理解可以修改简化文件引用路径，即在 Windows(C:)/xampp/htdocs/zfjj/wp-content/themes/zfjj 主题目录下创建 functions.php，自己重新定义文件引用路径（见图 6-37）。

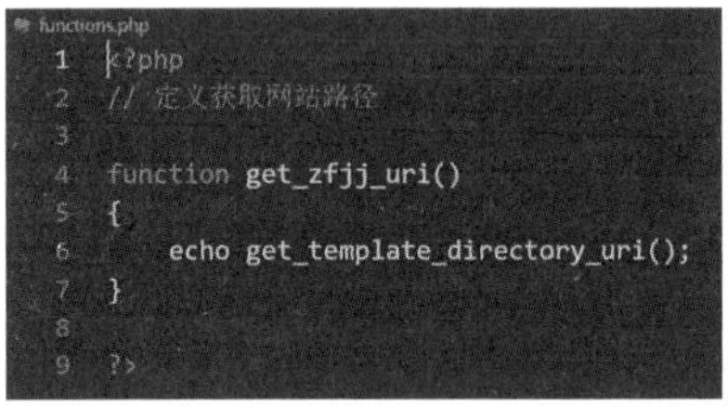

图 6-37　在 functions.php 中自己重新定义下返回的路径

这样在 header.php 中，所有引入 css、js、img、jQuery 等的所有引用路径都可以用 <?php echo get_zfjj_uri(); ?> 代替原来的 <?php echo get_template_ directory_uri(); ?>，结果 header.php 中的部分路径如图 6-38 所示。

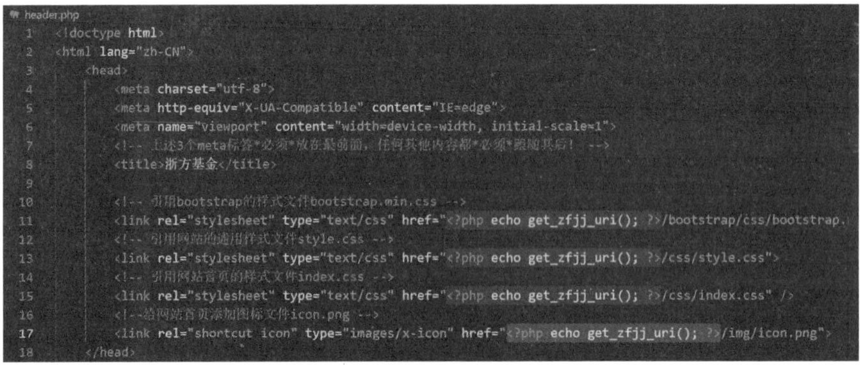

图 6-38　使用自己重新定义下返回的路径

第六，在首页 index.php 中使用以下语句引用 header.php：

```php
<?php include ("header.php"); ?>
```

这时刷新网站首页，会发现网站统一的头部已经有了，如图 6-39 所示。

图 6-39　网站统一的头部

（9）制作网站统一的底部文件 footer.php，并在首页 index.php 中引用。

第一，创建底部文件 footer.php。

在 Windows(C:)/xampp/htdocs/zfjj/wp-content/themes/zfjj 主题目录下创建 footer.php，并从静态网站首页 index.html 中拷贝如下代码（底部 +body 结束标签等代码）：

```
<!-- 底部 开始 -->
        <footer id="index_footer">
            <div class="f1 container">
                <div class="top1 row">
                    <div class="l1 col-md-1 col-xs-12">
                        <img src="img/footer-logo.png" />
                    </div>
                    <div class="col-md-11 col-xs-12 row">
                        <div class="col-lg-2 col-md-2 col-xs-1">
                        </div>
                        <div class="l2 col-lg-2 col-md-2 col-xs-2">
                            <a href="#"> 基金产品 </a>
                            <div class="lb">
                                <a href="#"> 基金超市 <br /></a>
                                <a href="#"> 智能定投 <br /></a>
                                <a href="#"> 养老专区 </a>
                            </div>
                        </div>
                        <div class="l3 col-lg-2 col-md-2 col-xs-2">
                            <a href="#"> 尊享理财 </a>
                            <div class="lb">
                                <a href="#"> 专户产品 <br /></a>
                                <a href="#"> 定制理财 <br /></a>
                                <a href="#"> 尊享服务 </a>
                            </div>
                        </div>
                        <div class="l3 col-lg-2 col-md-2 col-xs-2">
```

```
            <a href="#"> 理财课堂 </a>
            <div class="lb">
                <a href="#"> 网络视频 <br /></a>
                <a href="#"> 理财电台 <br /></a>
                <a href="#"> 资讯热点 </a>
            </div>
        </div>
        <div class="l3 col-lg-2 col-md-2 col-xs-2">
            <a href="#"> 基民论坛 </a>
            <div class="lb">
                <a href="#"> 基民论坛 </a>
            </div>
        </div>
        <div class="l4 col-lg-2 col-md-2 col-xs-2">
            <a href="#"> 关于浙方 </a>
            <div class="lb">
                <a href="#"> 公司简介 <br /></a>
                <a href="#"> 加入浙方 <br /></a>
                <a href="#"> 联系我们 </a>
            </div>
        </div>
    </div>
</div>
<div class="copyright hidden-sm hidden-xs">
    <div class="copyright-1">
        <a href="#"> 风险提示函 </a>
        <span>|</span>
        <a href="#"> 投资者教育 </a>
        <span>|</span>
        <a href="#"> 反洗钱 </a>
        <span>|</span>
        <a href="#"> 基金业务规则 </a>
        <span>|</span>
        <a href="#"> 隐私与安全 </a>
    </div>
    <div class="copyright-2">
        浙方基金管理有限公司 版权所有
        &copy;
        All Rights Reserved. [ICP 备案登记证编号：浙 ICP 备 1345456309 号 ]
本网站支持 IPv6
    </div>
    <div class="copyright-3">
        传真：0571-82763889 交易传真：0571-12345069 地址：杭州市钱塘区学源
街 118 号浙江金融职业学院 邮编：311100
    </div>
    <div class="copyright-4">
        客服热线：400-671-459 客服邮箱：services@zffunds.com
```

188

```
                    </div>
                </div>
            </div>
        </footer>
        <!-- 底部 结束 -->
    </body>
</html>
```

第二，修改底部 footer.php 中各图片文件路径，如表 6–2 所示。

表 6–2　底部 footer.php 中 logo 图片文件路径

序号	修改前路径及文件名	修改后路径及文件名
1	img/footer−logo.png	<?php echo get_template_directory_uri(); ?>/img/footer−logo.png

就是在所有引用路径前加 <?php echo get_template_directory_uri(); ?> 变为绝对路径。

因为我们已经在 Windows(C:)/xampp/htdocs/zfjj/wp−content/themes/zfjj 主题目录下创建了 functions.php，并用代码简化了路径，这样在 footer.php 就是可以用 <?php echo get_zfjj_uri(); ?> 代替 <?php echo get_template_directory_uri(); ?>，从而更加方便简洁，也更加易于理解。

第三，在首页 index.php 中引用 footer.php 的代码：

```
<?php include ("footer.php"); ?>
```

第四，这时刷新网站首页，可以发现网站统一的头部和底部都已经有了，如图 6–40 所示。

图 6-40　首页网站统一的头部和底部

到此只要在网页中引用 header.php 和 footer.php 文件，即可展示网站统一的头部内容了，但是仍然是静态的，接下来将实现菜单的动态加载。

第二节　实现网站统一头部的动态效果

本节我们要逐步实现浙方基金网站的动态效果。一个网站最先映入我们眼球的肯定是网页的头部，在 WordPress 中网站统一的头部文件一般是 header.php。因为 WordPress 是使用 PHP 语言和 MySQL 数据库开发的，在实现网站的动态效果过程中经常会使用 PHP 语言和 MySQL 数据库，所以我们选择具有开发环境功能的文本编辑器 VS Code。这是一个由微软开发，同时支持 Windows、Linux 和 macOS 等操作系统的免费代码编辑器，它支持测试，并内置了 Git 版本控制功能，同时也具有开发环境功能，例如代码补全、代码片段和代码重构等。该编辑器支持用户个性化配置，例如改变主题颜色、键盘快捷方式等各种属性和参数，同时还在编辑器中内置了扩展程序管理的功能。

网站的导航在网站中是重中之重，用户能否正常地浏览网站和导航有着重要的关系。然而在网站中每个页面都有导航栏，如果每个网页都单独做一个头部，那么网站就会有很多冗余代码，所以需要制作一个统一的头部文件（包含网站中每个页面都要用到的头部代码），从而降低网站的代码冗余、提高工作效率、加快网站的响应速度。

本节的任务目标为：

（1）制作统一的头部文件 header.php。

（2）通过 WordPress 把 header.php 加载到浙方基金网站。

（3）在页面中展示动态的导航栏、顶部菜单等。

一、实现网站导航栏的动态效果

WordPress 的主题是有菜单模块的，但是默认情况下菜单模块是不显示的，需要通过 functions.php 注册后菜单模块才会显示。为了方便后期维护，在浙方基金的主题目录下新建 menus 文件夹（c:\xampp\htdocs\zfjj\wp-content\themes\zfjj\menus），用于存放我们的菜单文件（见图 6-41）。

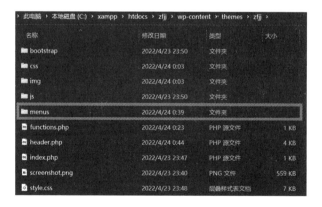

图 6-41 menus 文件夹

在 functions.php 中注册菜单位置，代码如下：

```
// 注册菜单位置
if(function_exists('register_nav_menus')){
    register_nav_menus(
        array(
```

```
    'main_menu' => __(' 导航自定义菜单 '),
    'top_left_menu' => __(' 顶部左边菜单 '),
    'top_right_menu' => __(' 顶部右边菜单 ')
  )
 );
}
```

此时登录网站后台查看浙方基金主题，看到已经有菜单模块了，如图 6-42 所示。

图 6-42　浙方基金主题已经有菜单模块

（1）在 WordPress 后台浙方基金主题中创建导航菜单并保存，如图 6-43 所示。

图 6-43　导航菜单

（2）　在 Windows(C:)/xampp/htdocs/zfjj/wp-content/themes/zfjj/ menus 中新建导航菜单文件 main_menu.php，输入如下代码：

```php
<?php
wp_nav_menu(
    array(
        'theme_location' => 'main_menu',
    // main_menu 就是 functions.php 中的导航菜单
        'container_class' => 'collapse navbar-collapse',
        'container_id'    => 'index-nav',
        'menu_class'      => 'nav navbar-nav',
    )
);
// 函数用于输出菜单，具体参数如下：
// $args
//   menu - 要输出的菜单。接受（按顺序匹配）id，slug，name，菜单对象。
//   menu_class - 用于形成菜单的 ul 元素的 CSS 类。默认 'menu'
//   menu_id - 用于形成菜单的 ul 元素的 ID，默认是菜单的 slug
//   container - 是否包装 ul，以及它包装什么。默认 'div'，即用 div 将菜单包起来
//   container_class - 应用于容器的类。默认 'menu- {menu slug} -container'。
//   container_id - 应用于容器的 ID。
//   fallback_cb - 如果菜单不存在，回调函数将触发。默认为 'wp_page_menu'。设置为 false，不退回。
//   before - 在链接标记之前的文本
//   after - 链接标记后的文本
//   link_before - 链接文本之前的文本
//   link_after - 链接文本之后的文本
//   echo - 是否回显菜单或返回。默认值为 true，即直接输出
//   depth - 要包含多少级别的层次结构。0 表示全部。默认值 0
//   walker - 一个自定义 walker 类的实例，即提供了对输出菜单函数的重写
//   theme_location - 要使用的主题位置。必须使用 register_nav_menu（ ）注册才能由用户选择。
//   items_wrap - 列表项应如何包装。默认是一个具有 id 和类的 ul。使用带编号占位符的 printf（ ）格式。
//   item_spacing - 是否在菜单的 HTML 中保留空格。接受 "preserve" 或 "discard"。默认 'preserve'。即保留
?>
```

main_menu.php 和 functions.php 两个文件中的导航菜单对应如图 6-44 所示。

图 6-44　main_menu.php 和 functions.php 两个文件中的导航菜单对应

（2）在头部文件 header.php 中用 <?php include('menus/main_menu.php'); ?> 引用菜单文件语句代替以下代码（只需要注释这部分代码即可）：

```html
<!-- Collect the nav links, forms, and other content for toggling -->
<!--<div class="collapse navbar-collapse" id="index-nav">
        <ul class="nav navbar-nav">
            <li class="active"><a href="index.html"> 首页 <span class="sr-only">(current)</span></a></li>
            <li><a href="#"> 浙方宝 +</a></li>
            <li><a href="product.html"> 基金产品 </a></li>
            <li><a href="service.html"> 尊享理财 </a></li>
            <li><a href="course.html"> 理财课堂 </a></li>
            <li><a href="forum.html"> 基民论坛 </a></li>
            <li><a href="about.html"> 关于浙方 </a></li>
        </ul>
</div> /.navbar-collapse -->
```

注释的代码及引用菜单文件语句如图 6-45 所示。

```
<!-- Collect the nav links, forms, and other content for toggling -->
<!--<div class="collapse navbar-collapse" id="index-nav">
    <ul class="nav navbar-nav">
        <li class="active"><a href="index.html">首页<span class="sr-onl
        <li><a href="#">浙方宝+</a></li>
        <li><a href="product.html">基金产品</a></li>
        <li><a href="service.html">尊享理财</a></li>
        <li><a href="course.html">理财课堂</a></li>
        <li><a href="forum.html">基民论坛</a></li>
        <li><a href="about.html">关于浙方</a></li>
    </ul>
</div> / .navbar-collapse -->
<?php include('menus/main_menu.php'); ?>
</div><!-- /.container-fluid -->
</nav>
</header>
```

图 6-45　注释的代码及引用菜单文件语句

（4）刷新网站首页显示动态的导航栏如图 6-46 所示（为了和静态导航栏区分，首页后面加了 11）。

图 6-46　网站首页显示动态的导航栏

二、实现网站顶部左边菜单的动态效果

（1）在 functions.php 中注册菜单位置，代码同导航栏。

（2）在 WordPress 后台浙方基金主题中创建顶部左边菜单并保存（见图 6-47、图 6-48）。

图 6-47 创建顶部左边菜单

图 6-48 创建顶部左边菜单子项

（3）在 Windows(C:)/xampp/htdocs/zfjj/wp-content/themes/zfjj/menus 中新建导航菜单文件 top_left_menu.php，输入如下代码：

```php
<?php
wp_nav_menu(
    array(
        'theme_location' => 'top_left_menu',
    // top_left_menu 就是 functions.php 中的顶部左边菜单
        'menu_class'     => 'top-bar-left',
    )
);
// 函数用于输出菜单，具体参数如下：
// $args
//   menu - 要输出的菜单。接受（按顺序匹配）id, slug, name, 菜单对象。
//   menu_class - 用于形成菜单的 ul 元素的 CSS 类。默认 'menu'
//   menu_id - 用于形成菜单的 ul 元素的 ID, 默认是菜单的 slug
//   container - 是否包装 ul, 以及它包装什么。默认 'div', 即用 div 将菜单包起来
//   container_class - 应用于容器的类。默认 'menu- {menu slug} -container'。
//   container_id - 应用于容器的 ID。
//   fallback_cb - 如果菜单不存在, 回调函数将触发。默认为 'wp_page_menu'。设置为 false, 不退回。
//   before - 在链接标记之前的文本
//   after - 链接标记后的文本
//   link_before - 链接文本之前的文本
//   link_after - 链接文本之后的文本
//   echo - 是否回显菜单或返回。默认值为 true, 即直接输出
//   depth - 要包含多少级别的层次结构。0 表示全部。默认值 0
//   walker - 一个自定义 walker 类的实例, 即提供了对输出菜单函数的重写
//   theme_location - 要使用的主题位置。必须使用 register_nav_menu（ ）注册才能由用户选择。
//   items_wrap - 列表项应如何包装。默认是一个具有 id 和类的 ul。使用带编号占位符的 printf（ ）
格式。
//   item_spacing - 是否在菜单的 HTML 中保留空格。接受 "preserve" 或 "discard"。默认 'preserve'。即
保留
?>
```

top_left_menu.php 和 functions.php 两个文件中的顶部左边菜单对应如图 6-49 所示。

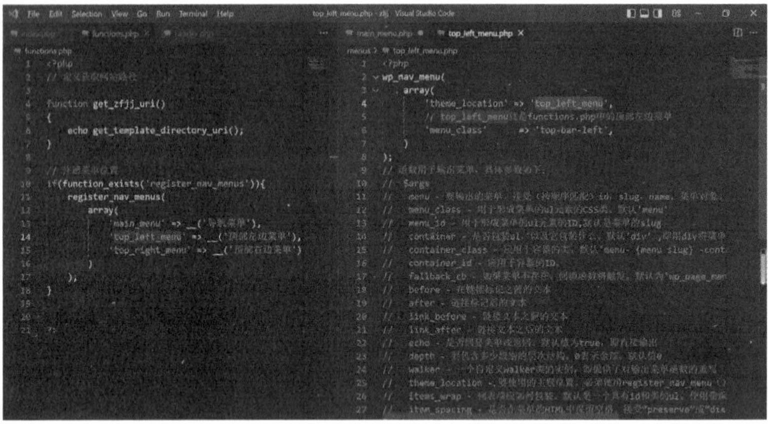

图 6-49 top_left_menu.php 和 functions.php 两个文件中的顶部左边菜单对应

（4）在头部文件 header.php 中用 <?php include('menus/top_left_menu.php'); ?> 引用菜单文件语句代替以下代码（只需要注释这部分代码即可）：

```
<!-- <ul class="top-bar-left">
        <li><a href="#"> 个人登录 </a></li>
        <li><a href="#"> 个人开户 </a></li>
        <li><a href="#"> 机构登录 </a></li>
        <li><a href="#"> 机构开户 </a></li>
    </ul> -->
```

注释的代码及引用顶部左边菜单文件语句见图 6-50。

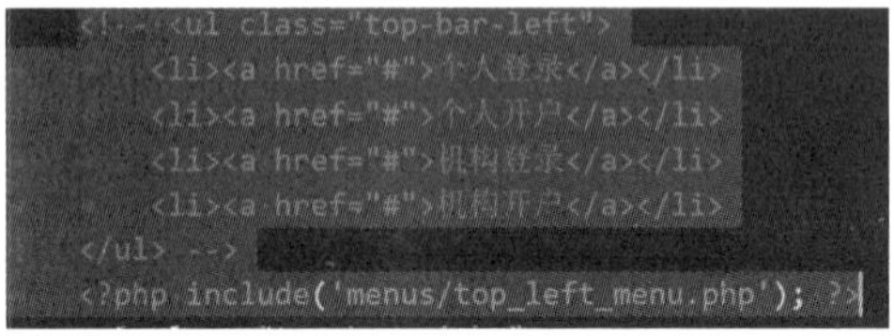

图 6-50 注释的代码及引用顶部左边菜单文件语句

（5）刷新网站首页显示动态的顶部左边菜单如图 6-51 所示（为了和静态顶部左边菜单区分，个人登录、个人开户后面加了 1）。

图 6-51 网站首页显示动态的顶部左边菜单

三、实现网站顶部右边菜单的动态效果

（1）在 functions.php 中注册顶部右边菜单位置，代码同导航栏。

（2）在 WordPress 后台浙方基金主题中创建顶部右边菜单并保存（见图 6-52）。

图 6-52　创建顶部右边菜单子项

（3）　在 Windows(C:)/xampp/htdocs/zfjj/wp-content/themes/zfjj/menus 中新建导航菜单文件 top_right_menu.php，输入如下代码：

```php
<?php
wp_nav_menu(
    array(
        'theme_location' => 'top_right_menu',
    // top_right_menu 就是 functions.php 中的顶部左边菜单
        'menu_class'      => 'top-bar-right',
    )
);
// 函数用于输出菜单，具体参数如下：
// $args
// menu - 要输出的菜单。接受（按顺序匹配）id, slug, name，菜单对象。
// menu_class - 用于形成菜单的 ul 元素的 CSS 类。默认 'menu'
// menu_id - 用于形成菜单的 ul 元素的 ID, 默认是菜单的 slug
// container - 是否包装 ul，以及它包装什么。默认 'div'，即用 div 将菜单包起来
// container_class - 应用于容器的类。默认 'menu-{menu slug}-container'。
// container_id - 应用于容器的 ID。
```

```
// fallback_cb - 如果菜单不存在，回调函数将触发。默认为 'wp_page_menu'。设置为 false，不退回。
// before - 在链接标记之前的文本
// after - 链接标记后的文本
// link_before - 链接文本之前的文本
// link_after - 链接文本之后的文本
// echo - 是否回显菜单或返回。默认值为 true，即直接输出
// depth - 要包含多少级别的层次结构。0 表示全部。默认值 0
// walker - 一个自定义 walker 类的实例，即提供了对输出菜单函数的重写
// theme_location - 要使用的主题位置。必须使用 register_nav_menu（）注册才能由用户选择。
//  items_wrap - 列表项应如何包装。默认是一个具有 id 和类的 ul。使用带编号占位符的 printf（）
格式。
// item_spacing - 是否在菜单的 HTML 中保留空格。接受 "preserve" 或 "discard"。默认 'preserve'。即
保留
?>
```

top_right_menu.php 和 functions.php 两个文件中的顶部右边菜单对应见图 6-53。

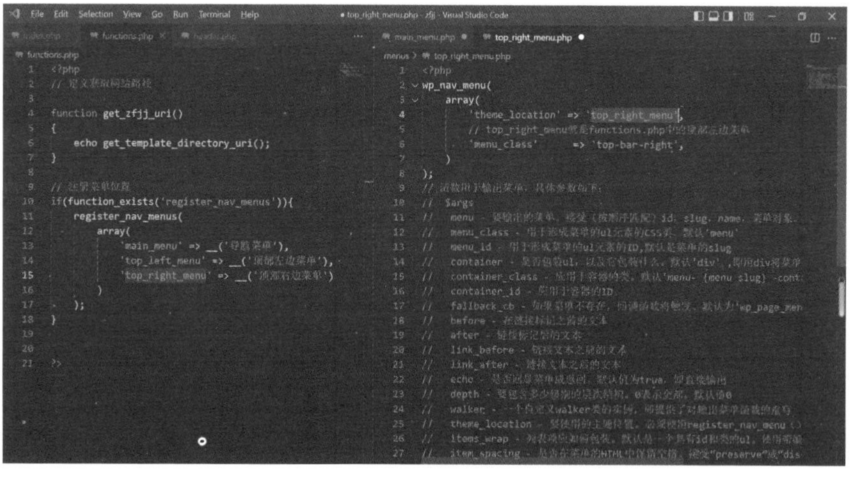

图 6-53　top_right_menu.php 和 functions.php 两个文件中的顶部右边菜单对应

（4）在头部文件 header.php 中用 <?php include('menus/top_right_menu.php'); ?> 引用菜单文件语句代替以下代码（只需要注释这部分代码即可）：

```
<!-- <ul class="top-bar-right">
        <li><a href="#"> 服务号 </a></li>
        <li><a href="#">APP 下载 </a></li>
</ul> -->
```

注释的代码及引用顶部右边菜单文件语句见图 6–54。

```
<!-- <ul class="top-bar-right">
    <li><a href="#">服务号</a></li>
    <li><a href="#">APP下载</a></li>
</ul> -->
<?php include('menus/top_right_menu.php'); ?>
```

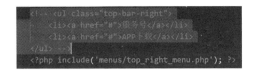

图 6–54 注释的代码及引用顶部右边菜单文件语句

（5）刷新网站首页显示动态的顶部右边菜单，如图 6–55 所示（为了和静态顶部右边菜单区分，服务号、APP 下载后面加了 1）。

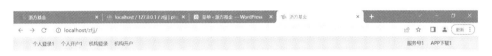

图 6–55 网站首页显示动态的顶部右边菜单

第四节 实现网站统一底部的动态效果

本节我们要实现浙方基金网站统一底部的动态效果。一个网站的底部展示着网站的权威和可信信息（包括公司名称地址等联系信息、政府相关部门备案及认证信息）、便捷操作（底部导航、其他快捷入口）、合理拓展信息（广告位、友情链接、服务理念特色等）等内容。

本节会用到上一个任务（任务 3 实现网站统一头部的动态效果）中所用到的 menu 组件和在 functions.php 中定义的网站路径。

本节的任务目标是：

（1）制作统一的底部文件 footer.php。

（2）通过 WordPress 把 footer.php 加载到浙方基金网站。

（3）在页面中展示动态的网站底部等。

具体实现步骤如下：

（1）在 C:\xampp\htdocs\zfjj\wp–content\themes\zfjj 中创建 footer.

php 文件，作为网站的统一的底部文件。

（2）将响应式静态网站首页 index.html 中的如下底部 HTML 代码复制到 footer.php 文件中：

```
<!-- 底部 开始 -->
<footer id="index_footer">
    <div class="f1 container">
        <div class="top1 row">
            <div class="l1 col-md-1 col-xs-12">
                <img src="img/footer-logo.png" />
            </div>
            <div class="col-md-11 col-xs-12 row">
                <div class="col-lg-2 col-md-2 col-xs-1">
                </div>
                <div class="l2 col-lg-2 col-md-2 col-xs-2">
                    <a href="#"> 基金产品 </a>
                    <div class="lb">
                        <a href="#"> 基金超市 <br /></a>
                        <a href="#"> 智能定投 <br /></a>
                        <a href="#"> 养老专区 </a>
                    </div>
                </div>
                <div class="l3 col-lg-2 col-md-2 col-xs-2">
                    <a href="#"> 尊享理财 </a>
                    <div class="lb">
                        <a href="#"> 专户产品 <br /></a>
                        <a href="#"> 定制理财 <br /></a>
                        <a href="#"> 尊享服务 </a>
                    </div>
                </div>
                <div class="l3 col-lg-2 col-md-2 col-xs-2">
                    <a href="#"> 理财课堂 </a>
                    <div class="lb">
                        <a href="#"> 网络视频 <br /></a>
                        <a href="#"> 理财电台 <br /></a>
                        <a href="#"> 资讯热点 </a>
                    </div>
                </div>
                <div class="l3 col-lg-2 col-md-2 col-xs-2">
                    <a href="#"> 基民论坛 </a>
                    <div class="lb">
                        <a href="#"> 基民论坛 </a>
                    </div>
                </div>
                <div class="l4 col-lg-2 col-md-2 col-xs-2">
                    <a href="#"> 关于浙方 </a>
```

```
                    <div class="lb">
                        <a href="#"> 公司简介 <br /></a>
                        <a href="#"> 加入浙方 <br /></a>
                        <a href="#"> 联系我们 </a>
                    </div>
                </div>
            </div>
        </div>
        <div class="copyright hidden-sm hidden-xs">
            <div class="copyright-1">
                <a href="#"> 风险提示函 </a>
                <span>|</span>
                <a href="#"> 投资者教育 </a>
                <span>|</span>
                <a href="#"> 反洗钱 </a>
                <span>|</span>
                <a href="#"> 基金业务规则 </a>
                <span>|</span>
                <a href="#"> 隐私与安全 </a>
            </div>
            <div class="copyright-2">
                浙方基金管理有限公司 版权所有
                &copy;
                All Rights Reserved. [ICP 备案登记证编号：浙 ICP 备 1345456309 号]    本网站支持 IPv6
            </div>
            <div class="copyright-3">
                传真：0571-82763889 交易传真：0571-12345069 地址：杭州市钱塘区学源街 118 号 浙江金融职业学院 邮编：311100
            </div>
            <div class="copyright-4">
                客服热线：400-671-459 客服邮箱：services@zffunds.com
            </div>
        </div>
    </div>
<!-- 底部 结束 -->
```

（3）将代码中涉及路径的属性都添加我们在 functions.php 定义的路径，即在路径前面添加 <?php get_zfjj_uri(); ?> 变成绝对路径，示例代码如下：

```
<!-- 底部 logo -->
<div id="foot_img_logo">
    <img id="footer-logo" src="<?php get_zfjj_uri(); ?>/img/index_100.png" alt=" 网站 logo">
</div>
```

（4）实现 footer.php 的动态菜单加载

第一，在 functions.php 中添加底部菜单的注册，代码如下：

```
// 注册菜单
register_nav_menus( array(
    'main_menu' => ' 主菜单 ',
    'top_left_menu' => ' 顶部左菜单 ',
    'top_right_menu' => ' 顶部右菜单 ',
    'footer_menu' => ' 底部导航菜单 ',
) );
```

第二，在 C:\xampp\htdocs\zfjj\wp-content\themes\zfjj\menu 中新建 foot_menu.php 文件用于定义底部菜单的样式，代码如下：

```php
<?php
wp_nav_menu(
    array(
        'theme_location' => 'footer_menu',
        'container_class' => 'footer_menu',
        'container_id'   => 'footer_menu',
        'menu_class'     => 'footer_menu_ul',
        'items_wrap'     => '<ul id="foot_menus" class="%2$s">%3$s</ul>',
    )
);
?>
```

第三，在 WordPress 后台创建网站的底部导航菜单，在创建菜单的时候要注意二级菜单的位置缩进（见图 6-56）。

图 6-56　在 WordPress 中创建底部导航菜单

第四，在 footer.php 中用 <?php include('menu/foot_menu.php'); ?> 替换掉原本静态的菜单，代码如下：

```
<!-- 底部导航 -->
<div id="foot_menu_div">
    <?php include('menu/foot_menu.php'); ?>
</div>
```

第五，版权声明区域是长期不需要改动的，直接保留静态代码就可以了。footer.php 变成动态加载的代码展示如下：

```
<!-- 底部 开始 -->
<div id="footer">
<div class="container height_100">
<!-- 底部 logo -->
<div id="foot_img_logo">
    <img id="footer-logo" src="<?php get_zfjj_uri(); ?>/img/index_100.png" alt=" 网站 logo">
</div>

<!-- 底部导航 -->
<div id="foot_menu_div">
    <?php include('menu/foot_menu.php'); ?>
</div>

<!-- 底部版权声明 -->
<div id="foot_images">
    <div id="foot_images_in">
      <p class="hidden-xs"> 风险提示函 | 投资者教育 | 反洗钱 | 基金业务规则 | 隐私与安全 </p>
      <p>
           <font class="hidden-xs"> 浙 方 基 金 管 理 有 限 公 司 版 权 所 有 All Rights Reserved. </font><font>[ICP  备案登记证编号 : 浙 ICP 备 1345456309 号 ]    本网站支持 IPv6</font>
          <br>
        <font class="hidden-xs"> 传真 : 060-12345158 交易传真 : 020-12345069 地址 : 杭州市钱塘区学源街 118 号浙江金融职业学院 邮编 : 311100</font>
          <br>
        <font class="hidden-xs"> 客服热线 : 95105828 或 020-83936999 客服邮箱 : services@zffunds.com.cn</font>
      </p>
    </div>
</div>

</div>
</div>
<!-- 底部 结束 -->
```

205

第五节　实现网站的备份及还原

本节要实现浙方基金动态网站的备份及还原。在网站的建设过程中，要及时备份网站项目文件和数据库；当网站发生意外或者崩溃后，可以利用备份文件即时还原；而在项目上线后，也需要备份完整的网站资源部署到服务器上。

在网站的建设和维护过程中经常需要备份网站资源，部署到服务器中，下面我们就来了解一下如何备份动态网站。

本节的任务目标是：

（1）备份网站数据库。

（2）备份 WordPress 的网站资源。

（3）还原网站。

一、备份数据库

（1）在浏览器的地址栏输入 http://localhost/phpmyadmin/，进入 MySQL 管理界面 phpmyadmin，如图 6-57 所示。

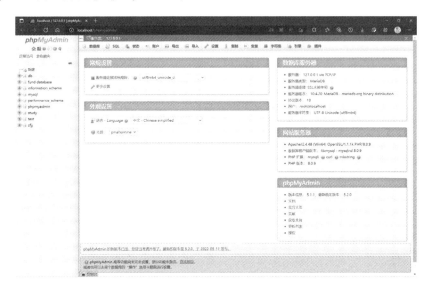

图 6-57　phpmyadmin 界面

（2）确保当前位置在服务器 127.0.0.1 下，才是以数据库为单位进行的导出，如图 6-58 标记处所示。

图 6-58　页面路径显示只有服务器 127.0.0.1

（3）点击菜单栏的"导出"按钮，在新的界面选择自定义，页面截图如图 6-59 所示。

图 6-59　数据库导出界面

（4）在"数据库"选择这一栏目中，只选择 zfjj，其余栏目默认即可，选择效果如图 6-60 所示。

图 6-60　数据库栏目选中 zfjj 的效果

（5）点击页面最底部的执行按钮，就会下载 zfjj 数据库的 sql 文件，文件名字为 127_0_0_1.sql，如图 6-61 所示。

图 6-61　数据库导出按钮和导出的文件名称

二、备份网站资源

（1）网站资源包括网站静态资源和动态资源及数据库资源，在WordPress中静态资源都是存放在C:\xampp\htdocs\zfjj这个目录下的，而动态资源都是存放在数据库中的，也就是前面导出的127_0_0_1.sql。

（2）将127_0_0_1.sql文件和C:\xampp\htdocs\zfjj文件夹复制到一个文件夹下，就完成了备份，如图6-62所示。

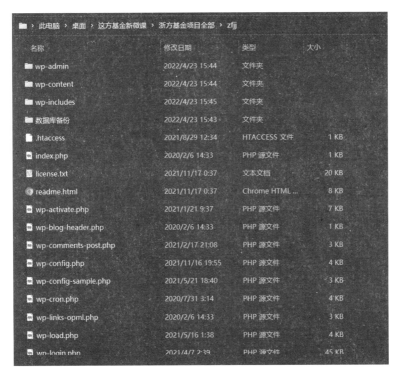

图6-62 将数据库备份文件和zfjj文件夹打包备份

三、还原网站（备份文件）

（1）将备份的zfjj文件夹复制到C:\xampp\htdocs\目录下，如图6-63所示。

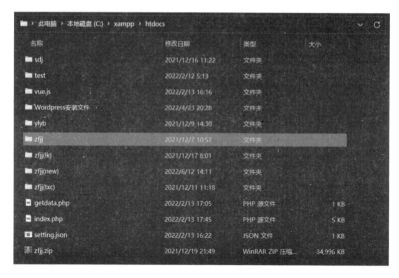

图 6-63　将 zfjj 网站资源还原

（2）还原网站的数据库

第一，在浏览器输入 http://localhost/phpmyadmin 进入 MySQL 的 phpmyadmin 管理界面，如图 6-64 所示。

图 6-64　phpmyadmin 界面

第二，确保是在服务器 127.0.0.1 下点击导入，如图 6-65 所示。

图 6-65　phpmyadmin 导入界面

点击"选择文件"按钮，选择 127.0.0.1.sql 的数据库备份文件，其余选项默认即可，如图 6-66 所示。

图 6-66　选择 127.0.0.1 后的导入界面

点击执行按钮后，提示导入成功即可，如图 6-67 所示。

图 6-67　数据库导入成功

（3）这个时候访问 http://localhost/zfjj/ 就能正常显示了，如图 6-68
所示。

图 6-68　还原后成功访问网站

四、还原时需要注意的事项

（1）还原备份文件时 XAMPP 的配置需要和备份的时候一致，例如：如
果备份时 XMAPP 是 80 端口，那么还原的机器也要以 80 为访问端口。

（2）还原网站就是还原静态资源、动态资源、数据库资源。

第六节　利用主题实现网站的动态效果

WordPress 闻名于世的原因之一就是它拥有众多的主题模板，如博客主题、CMS 主题、淘宝客主题、网店主题、企业主题、图片主题等，单单是大家免费分享的主题就已经足够大部分博主站长使用。下面来学习 WordPress 主题的安装和使用。

主题猫网站：http://ztmao.com/qiyezhuti。

主题"留下最美好的瞬间"：https://www.themepark.com.cn/demo/?themedemo=photopark–free–yanshi。

本节的任务目标是：

（1）了解并能够使用 WordPress 主题。

（2）利用 WordPress 主题实现浙方基金网站的动态效果。

一、了解相关知识点

WordPress 主题的安装一般以下有 3 种常见的方法。

1．在线搜索安装

搜索主题页面如图 6–69 所示。但是并不是所有主题都能搜索到。

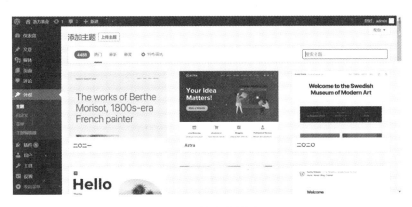

图 6–69　搜索主题页面

访问网站后台→外观→主题→添加，输入主题关键字，搜索相应主题名称，找到后，点击该主题缩略图右下角的"安装"即可。

这里搜索得到的基本上都是国外的主题，而国内制作的主题很少提交到 WordPress 主题库，所以很难在这里找到想要的主题，所以如果要用界内制作的中文主题，就要用第二种方法。

2．在线上传主题文件安装

大部分博主和网站站长们都是用这种方法，也就是先在网络上找到需要的 WordPress 主题，再下载该主题的安装包到本地电脑，然后登录WordPress 后台→外观→主题→添加→上传主题→点击"选择文件"选择刚才下载的主题安装包（以婚庆婚礼主题 –free.zip 为例）→点击"现在安装"。

如果出现如图 6–70、图 6–71 所示界面，说明网站已经成功安装了婚庆婚礼主题，接着可以点击"启用"即可应用该 WordPress 主题。

图 6-70　安装婚庆婚礼主题界面

图 6-71　婚庆婚礼主题安装完成

3．通过 FTP 上传主题文件

大部分 WordPress 主题都可以通过第二种方法进行安装，不过有小部分主题不是 .zip 格式的安装包，所以无法通过第二种方法进行安装。这时可以通过 FTP 将整个安装包文件（将主题安装包解压所得到的文件）上传到网站根目录的 /wp-content/theme 目录，然后登录 WordPress 后台→外观→主题，找到刚才上传的主题点击"启用"即可。

安装好的主题，都可以在 WordPress 后台→外观→主题中找到，喜欢某个主题就直接启用该主题即可。

每一款 WordPress 主题启用后都需要对该主题进行设置（少部分主题没有后台设置选项），这时启用刚才上传的"婚庆婚礼主题"看看效果。点击婚庆婚礼主题的"启用"成功后，选择"自定义"会自动跳转到主题的选项设置页面。

由于是第一次使用该主题，所以需要根据该主题的选项一一填写好，并保存设置即可正常使用该款主题。

因为每一款主题的设置内容都不一样，建议在使用某款主题前，先看看该主题的使用说明，并在本地安装测试一番，正常后再上传到主机空间。

二、利用 WordPress 主题实现网站的动态效果。

下面以主题"DREAM. CREATE. SUCCEED."为例，来说明如何编辑使用主题（见图 6-72）。

图 6-72 主题"DREAM. CREATE. SUCCEED."

（1）登录到 WordPress 的后端控制台（localhost/zfjj/wp_admin），
点击左侧的"外观"，然后点击"安装主题"（见图 6-73）。

图 6-73　安装主题界面

（2）进入 WordPress 的模板商店，挑选合适的模板（如 DREAM.
CREATE. SUCCEED.），点击安装。

（3）启用刚刚安装的主题（如 DREAM. CREATE. SUCCEED.），根据
提示自动安装所需要的插件（见图 6-74）。

图 6-74　安装好的主题

（4）启用主题后，点击网站首页左上角的自定义，进入到可视化的编辑
页面（见图 6-75）。

图 6-75　已经启用的主题

（5）进入可视化编辑页面后，可以在左侧的菜单里编辑需要改变的内容，也可以在右侧的可视化界面，直接点击设置进行编辑（如背景、文字、图片等，不同主题可以编辑的选项不同），如图 6-76 所示。

图 6-76　主题可视化编辑界面

（6）编辑发布后的主题（见图 6-77）。

图 6-77　编辑发布后的主题（DREAM CREATE SUCCEED）

第七章

金融科技平台动态效果的实现（二）

在第六章中，我们已经实现了网站统一的头部和底部的动态加载，以及导航栏和菜单的动态加载。从本章开始，要开始实现浙方基金整个网站的动态效果，包括首页、基金产品页、尊享理财页、理财课堂页、基民论坛页、关于浙方页、基金详情页、注册页、登录页、网站文章内容页、网站文章列表页等页面。

第一节　实现网站首页的动态效果

本节的目标就是实现网站首页的动态效果，同时通过首页动态效果的实现来学习 PHP 和数据库的一些知识，方便后面实现其他页面的动态效果。

一、实现轮播图的动态效果

（一）任务介绍

本任务要实现的是浙方基金网站首页中轮播图横幅（banner）的动态展示效果，横幅的主要作用是宣传企业形象和展示企业产品。

（二）任务目标

（1）将静态的轮播图提取出来。

（2）将提取出来的轮播图展示在首页。

（三）任务实施

（1）在 C:\xampp\htdocs\zfjj\wp-content\themes\zfjj 中建立 banner.php 文件。

（2）从浙方基金的静态网站首页里，把轮播图有关的如下代码复制到 banner.php 文件中，示例代码如下：

```
<!-- 轮播图 开始 -->
<section id="index_carousel" class="carousel slide" data-ride="carousel">
    <!-- 指示器 -->
    <ol class="carousel-indicators">
        <li data-target="#index_carousel" data-slide-to="0" class="active"></li>
        <li data-target="#index_carousel" data-slide-to="1"></li>
        <li data-target="#index_carousel" data-slide-to="2"></li>
    </ol>

    <!-- 滚动的画面 -->
    <div class="carousel-inner" role="listbox">
        <!-- 每个轮播图 需要 2 张，大图通栏效果 左右接近纯色 内容集中在中间，小图比例需要接
近方形 方便平板手机观看 -->
        <!-- 窗口小显示 date-sm-img, 窗口大显示 date-lg-img -->
        <div class="item active" data-sm-img="img/banner1_sm.jpg" data-lg-img="img/banner1.jpg">
        </div>
        <div class="item" data-sm-img="img/banner2_sm.jpg" data-lg-img="img/banner2.jpg">
        </div>
        <div class="item" data-sm-img="img/banner3_sm.jpg" data-lg-img="img/banner3.jpg">
        </div>
    </div>

    <!-- 左右控制 -->
    <a class="left carousel-control" href="#index_carousel" role="button" data-slide="prev">
        <span class="glyphicon glyphicon-chevron-left" aria-hidden="true"></span>
        <span class="sr-only">Previous</span>
    </a>
    <a class="right carousel-control" href="#index_carousel" role="button" data-slide="next">
        <span class="glyphicon glyphicon-chevron-right" aria-hidden="true"></span>
        <span class="sr-only">Next</span>
    </a>
```

```
</section>
<!-- 轮播图 结束 -->
```

（3）在 banner.php 中图片的路径前加 <?php echo get_zfjj_uri(); ?>/改为绝对路径，示例代码如下：

```
<div class="item active" data-sm-img="<?php echo get_zfjj_uri(); ?>/img/banner1_sm.jpg" data-lg-
img="<?php echo get_zfjj_uri(); ?>/img/banner1.jpg">
原来代码:
div class="item active" data-sm-img="img/banner1_sm.jpg" data-lg-img="img/banner1.jpg">
```

（4）因为 banner 的切换、点击等操作是使用过 JavaScript 实现的，所以不仅要复制 HTML 代码到 banner.php 中，还需要在 header.php 中引用所需要的配置，代码如下：

```
<!-- 设置网站的标题和标识，引用 css -->

<head>
    <meta charset="utf-8">
    <meta http-equiv="X-UA-Compatible" content="IE=edge">
    <meta name="viewport" content="width=device-width, initial-scale=1">
    <!-- 上述 3 个 meta 标签 * 必须 * 放在最前面，任何其他内容都 * 必须 * 跟随其后！ -->
    <!-- 动态的网站标题，根据打开的页面来显示网站标题 -->
    <title>
        <?php my_title() ?>
    </title>
    <!-- 设置网站的小图标，也可以通过 WordPress 更改网站标识 -->
    <link rel="icon" href="<?php echo get_zfjj_uri(); ?>/img/logo.png" />
    <!-- Bootstrap -->
    <?php include('css/addcss.php'); ?>
</head>

<!-- jQuery -->
<script src="<?php echo get_zfjj_uri(); ?>/jquery/jquery-3.6.0/dist/jquery.min.js" type="text/javascript"
charset="utf-8">
</script>
<!-- 加载 Bootstrap 的所有 JavaScript 插件。你也可以根据需要只加载单个插件。 -->
<script src="<?php echo get_zfjj_uri(); ?>/bootstrap/js/bootstrap.min.js" type="text/javascript"
charset="utf-8"></script>
<script src="<?php echo get_zfjj_uri(); ?>/js/index.js" type="text/javascript" charset="utf-8"></script>
```

（5）在轮播图的静态页面修改完成后，需要用下图中的语句把 banner.php 引入 index.php 中，如图 7-1 所示。

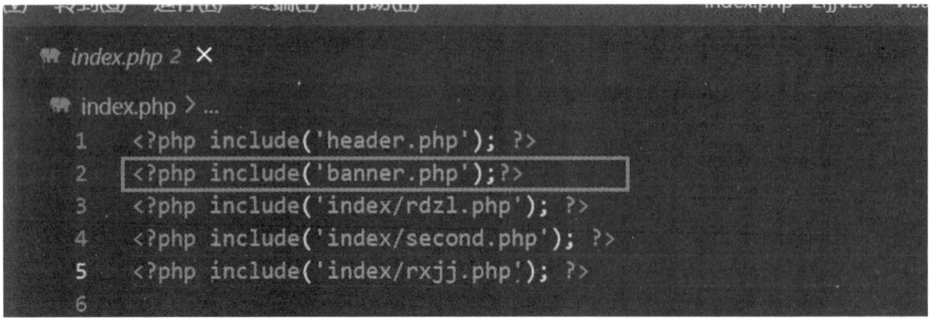

图 7-1　轮播图文件 banner.php 引入 index.php

（6）轮播图展现在网站首页中的效果见图 7-2。

图 7-2　轮播图页面展示效果

二、实现资讯热点的动态效果

（一）任务介绍

本任务要实现浙方基金网站首页中资讯热点的动态效果，这个板块以资讯热点中的新闻为主体，要求可以在网站后台方便地发布新的资讯内容，并能动态地展示到前端页面上供用户使用。

（二）任务目标

（1）修改静态代码。

（2）在 WordPress 后台中新建文章。

（3）把新建的文章动态地展示到网页中。

（三）任务实施

（1）在 C:\xampp\htdocs\zfjj\wp-content\themes\zfjj\index 中建立 index 文件夹，用于存放首页所有的 PHP 程序，在 index 文件夹下新建资讯热点程序 zxrd.php 用于制作动态的网页。

（2）从浙方基金的静态网站首页里，把资讯热点有关的如下代码复制到 zxrd.php 文件中：

```
<!-- 热点资讯 hotspot 开始 -->
<section id="index_hotspot" class="container">
    <div class="index-title">
        <div class="index-title-img">
            <img src="img/hotspot.gif" />
        </div>
        <div class="index-title-text">
            资讯热点
        </div>
        <div class="index-title-add">
            More+
        </div>
    </div>

    <div class="hotspot row">
        <div class="hotspot-1 col-lg-3 col-md-6 col-sm-11 col-xs-11">
        <div class="hotspot-1-top">
            <img src="img/hotspot-1-top.gif" />
        </div>
        <div class="hotspot-1-mid1 ">
            上证指数（000001）
        </div>
        <div class="hotspot-1-mid2">
            3536.79
        </div>
        <div class="hotspot-1-bottom">
            -2.33[-0.07%]
        </div>
</div>
```

```
    </div>
<!-- 每周策略 -->
<div class="hotspot-2 hidden-md hidden-sm hidden-xs">
    <div class="hotspot-2-top long-text">
        <a href="#"> 每周策略 | 二季报业绩预喜占比高，中游制 ...</a>
    </div>
    <div class="hotspot-2-mid long-text">
        下半年，假设原材料价格上行空间有限，则中游制造板块的盈利修复
        值得关注。综合此次二季报披露率较高、预告业绩增 ...
    </div>
    <div class="hotspot-2-bottom">
        <img src="img/hotspot-2-bottom.gif" />
    </div>
</div>
<!-- 四条新闻 -->
<div class="hotspot-3 hidden-sm hidden-xs">
    <div class="t1">
        <div class="left">
            <div class="big">
                20
            </div>
            <div class="small">
                7 月
            </div>
        </div>
        <div class="right long-text">
            <a href="#">LPR 报价连续 15 个月 " 原地踏…</a>
            <br />
            <a href="#">
                <font> 全面降准落地后的首期贷款 ...</font>
            </a>
        </div>
    </div>
    <div class="t2">
        <div class="left">
            <div class="big">
                16
            </div>
            <div class="small">
                7 月
            </div>
        </div>
        <div class="right long-text">
            <a href="#"> 券商晨会精华: A 股基本面支撑较…</a>
            <br />
            <a href="#">
                <font> 财联社 7 月 16 日讯，今日券商晨会 ...</font>
            </a>
```

226

```
            </div>
        </div>
        <div class="t3">
            <div class="left">
                <div class="big">
                    15
                </div>
                <div class="small">
                    7 月
                </div>
            </div>
            <div class="right long-text">
                <a href="#"> 央行实施降准并续做 MLF 释放 7,000 亿…</a>
                <br />
                <a href="#">
                    <font> 财联社（北京，记者 张晓翀）讯,……</font>
                </a>
            </div>
        </div>
        <div class="t4">
            <div class="left">
                <div class="big">
                    14
                </div>
                <div class="small">
                    7 月
                </div>
            </div>
            <div class="right long-text">
                <a href="#"> 重大信号！全国碳市场启动在即，如…</a>
                <br />
                <a href="#">
                    <font>7 月 14 日，国务院新闻办公室举行国务院 ...</font>
                </a>
            </div>
        </div>
    </div>
</div>
</section>
<!-- 热点资讯 结束 -->
```

（3）用 <?php echo get_zfjj_uri(); ?> 把图片等静态资源的路径改成绝对路径，示例代码如下：

```
<div class="index-title-img">
    <img src="<?php echo get_zfjj_uri(); ?>/img/hotspot.gif" />
</div>
```

（4）在网站首页中可以看到资讯热点的静态效果后，需要在 WordPress 的后台中添加资讯热点文章。

第一，在浏览器的地址栏输入 http://localhost/zfjj/wp-admin 登录网站后台，使用安装 WordPress 时输入的用户名和密码，登录界面如图 7-3 所示。

图 7-3　WordPress 登录界面

第二，登录成功后进入 WordPress 后台界面，如图 7-4 所示。

图 7-4　WordPress 控制台

第三，在 WordPress 控制台的左侧选择文章，在撰写文章之前，需要根据网站需求创建文章分类，如图 7-5 所示。

图 7-5　WordPress 控制台创建文章分类

在创建文章分类的时候需要填写名称、别名、父级分类、描述，每个项目的具体含义如下。

名称：分类的名称，它是显示在网页上的。

别名：是名称的 URL 的友好版本，它通常都是小写的且只包含字母、数字和连字符。

父级分类：分类和标签是不同的，可以有层级关系，例如，创建一个名为"音乐"的分类，在该分类下可以有"流行"和"古典"的子分类。

描述：简单地阐述这个分类是干什么的，最终也可以展示到页面中。

第四，创建完分类后，需要在每个分类下创建对应的文章，用于展示到页面中。

在 WordPress 的文章分类中，选择写文章，就会跳转到编辑页面，如图 7-6 所示。

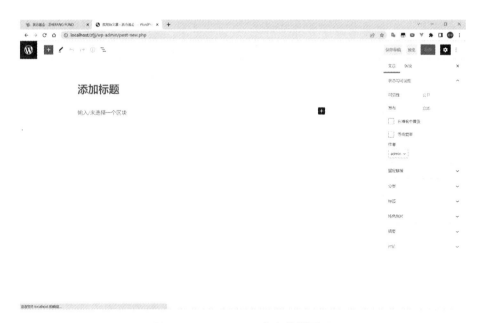

图 7-6　WordPress 文章编辑页面

在左侧文档编辑区域，完成文章的编辑和排版，在右侧文章窗格中的分类选项下给文章选择合适的分类，如图 7-7 所示。

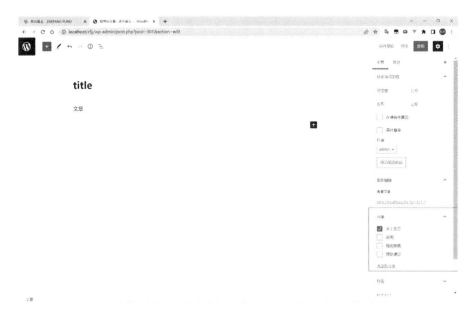

图 7-7　WordPress 选择文章分类

完成文章的编辑后，点击右上角的发布按钮，用同样的操作在不同分类下多新建几篇文章，如图7-8所示。

图7-8 WordPress文章页面

第五，到这一步，准备工作都已经完成，剩下的就是将文章数据加载到页面进行显示，这里需要用到WordPress提供的方法WP_Query来查询WordPress的文章，参数如下所示。

WP_Query包括4个部分：一是需要查询的参数，或者参数集合；二是开始查询；三是循环输出——这将输出文章内容、标题或任何需要显示的内容；四是查询结束——通过标签判断、重置请求数据。

在文章查询中，需要用到以下参数：

一是post_type，是设置查询的分类，文章的分类即为post。

二是posts_per_page，是设置一页显示几条数据。

三是category__in，是设置查询文章的分类ID。

第六，了解完WP_Query的基础知识，根据所用参数，会发现我们还不知道文章分类的ID，查看文章分类ID的方法如图7-9所示。

图 7-9　WordPress 查看文章分类 ID

将鼠标移动到对应的分类名称上不动，就可以在浏览器左下角查看到对应的 ID。

第七，制作每周策略的动态加载，示例如图 7-10 所示。

图 7-10　每周策略效果

资讯热点 zxrd.php 中每周策略展示的静态代码，一次显示的条数为 1，文章分类的 ID 为 5，静态代码如下：

```
<!-- 每周策略 -->
<div class="hotspot-2 hidden-md hidden-sm hidden-xs">
    <div class="hotspot-2-top long-text">
        <a href="#"> 每周策略 | 二季报业绩预喜占比高，中游制 ...</a>
    </div>
    <div class="hotspot-2-mid long-text">
        下半年，假设原材料价格上行空间有限，则中游制造板块的盈利修复
        值得关注。综合此次二季报披露率较高、预告业绩增 ...
    </div>
    <div class="hotspot-2-bottom">
        <img src="img/hotspot-2-bottom.gif" />
    </div>
</div>
```

首先需要设置 WP_Query 的查询参数，代码如下：

```
<?php $mzcl = array(
    'post_type'         => 'post',
    'posts_per_page'    => 1,
    'category__in'      => 5, // 设置查询的分类 id
); ?>
```

设置完查询参数后需要用查询参数新建一个 WP_Query，代码如下：

```
<?php $myquery_mzcl = new WP_Query($mzcl); ?>
```

接着需要用 new 产生的 $myquery_mzcl 对文章进行查询输出，即把
zxrd.php 中每周策略相关代码改成如下代码：

```
<?php if ($myquery_mzcl->have_posts()) : ?>
    <?php while ($myquery_mzcl->have_posts()) : $myquery_mzcl->the_post(); ?>
        <p class="a3 long-text">
            <a href="<?php the_permalink(); ?>">
                <?php
                echo get_the_title();
                ?>
            </a>
        </p>
        <p class="a4">
            <?php
            $my_excerpt = get_the_excerpt();
            if (strlen($my_excerpt) > 120) :
                $my_excerpt = substr($my_excerpt, -strlen($my_excerpt), 120) . '…';
            endif;
            echo $my_excerpt
            ?>
```

```
        </p>
        <?php the_post_thumbnail(); ?>
    <?php endwhile; ?>
<?php endif; ?>
```

首先，用 IF 判断查询的文章结果是否为空，不为空才接着执行输出代码。

成功查询到数据后，通过循环的方式读取下一条数据。

替换的参数含义如下：

<?php the_permalink(); ?>：用来获取文章链接，可以用来跳转到文章的详情页面

<?php echo get_the_title(); ?>：用来获取文章的标题；

<?php echo get_the_excerpt();?> 用来获取文章的摘要。

在每周策略中，文章摘要只是缩略地显示不到 2 行，很难用 CSS 和 DIV 进行统一的控制，这里用 PHP 来控制输出的字符数量，让前端页面输出不超过 2 行的字符。

<?php the_post_thumbnail(); ?> 是用来查询文章的缩略图，在使用之前，需要到 functions.php 中增加如下代码启用文章缩略图的功能：

```
// 使 WordPress 支持 post thumbnail
if (function_exists('add_theme_support')) {
    add_theme_support('post-thumbnails');
}
```

刷新控制台，点进文章就能看到可以设置缩略图了，如图 7-11 所示。

图 7-11　WordPress 特色图片功能开启

注意，每次使用 WP_Query 后都要用 <?php wp_reset_postdata(); ?> 还原成默认参数，有效防止下一次查询时出错。

第八，每周策略的动态效果实现已经完成了，四条新闻的动态效果实现也是采用同样的办法，只不过需要修改查询的分类 ID 和每页显示的数量，代码如下：

```
<!-- 四条新闻 -->
<div id="news-right" class="hidden-sm hidden-xs">
    <?php $myqueryargs = array(
        'post_type'            => 'post',
        'posts_per_page'       => 4,
        'category__in'         => 1,
    ); ?>
    <?php $myquery = new WP_Query($myqueryargs); ?>
    <?php if ($myquery->have_posts()) : ?>
        <?php while ($myquery->have_posts()) : $myquery->the_post(); ?>
            <article>
                <span class="float-left border-right news-span">
                    <font class="a3"><?php echo get_the_date('d'); ?></font>
                    <br>
```

235

```
                <font class="a1"><?php echo get_the_date('m'); ?> 月 </font>
            </span>
            <p class="a5 long-text">
                <a href="<?php the_permalink(); ?>">
                    <?php echo get_the_title();?>
                </a>
            </p>

            <p class="a6 long-text">
                <?php echo get_the_excerpt();?>
            </p>
        </article>
    <?php endwhile; ?>
<?php endif; ?>
<?php wp_reset_postdata(); ?>
</div>
```

第九，首页的资讯热点板块的动态效果全部完成后，效果如图 7-12 所示。

图 7-12　浙方基金首页资讯热点

三、实现四大模块的动态效果

（一）任务介绍

本任务要实现浙方基金网站首页中四大模块的动态效果，这就需要有基金数据库了。所以本任务在开始时就会使用到关于数据库的增删改查的操作。

（二）任务目标

（1）创建浙方基金数据库。

（2）创建四大板块的数据库查询代码。

（3）把四大板块的内容动态地展示到网页中。

（三）任务实施

（1）创建浙方基金数据库分为以下几个步骤：

第一，进入 phpmyadmin 界面进行基金数据表的创建，为了后期备份、维护的方便，同一个项目的数据表应当建在同一个数据库 zfjj 下，如图 7-13 所示。

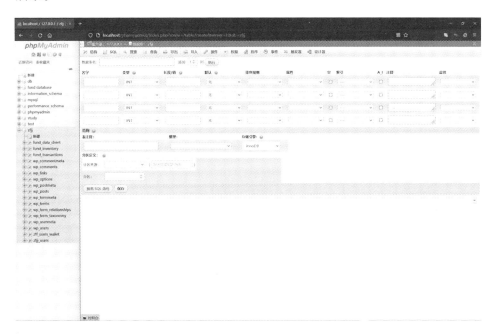

图 7-13　phpmyadmin 界面的 zfjj 数据库新建数据表

第二，在新建数据表界面输入基金数据表的名字 "fund_data_sheet"，更改不同字段存储的数据类型和数据长度，填写对应的列名称，全部填写完成后点击保存，如图 7-14 所示。

图 7-14 创建 fund_data_sheet 基金数据表格式

第三，创建完基金数据表之后，需要给数据表导入一些基金数据，这里推荐从天天基金网下载一些数据，导入基金数据表中，phpmyadmin 导入的数据方式如图 7-15 所示。

图 7-15 phpmyadmin 使用 SQL 插入数据

在 fund_data_sheet 基金数据表中点击上方的"SQL"按钮，就可以使用 SQL 代码对数据表进行增删改查的操作，phpmyadmin 提供了增删改查的基础代码格式，点击下面的"INSERT"按钮，就会给出基础的插入数据的代码格式，修改后面给的"value"占位就可以添加数据了。

加完数据的基金数据表效果如图 7-16 所示。

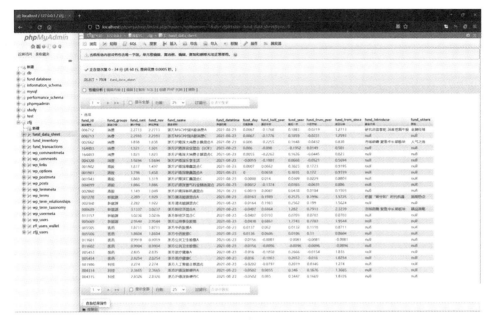

图 7-16　fund_data_sheet 基金数据表数据添加完成的效果

（2）上面的操作执行完毕后，就可以成功地建立基金数据表，可以开始将首页四大块的内容动态地加载到网页中了。

（3）首先在 C:\xampp\htdocs\zfjj\wp-content\themes\zfjj\index 这个路径下新建一个 second.php 文件用来存放四大模块的代码，并在 index.php 中用以下语句引用 second.php：

```
<!-- 引入四大模块文件 -->
<?php include("index/second.php"); ?>
```

（4）从浙方基金的静态网站首页里，把四大模块有关的如下代码复制到 second.php 中，把 "img" 改成 <?php echo get_zfjj_uri(); ?>/img，就可以将图片的路径替换成动态的了：

```
<!-- 四大模块 -->
<section id="index_panel" class="container">
    <div class="row init">
    <!-- 精品策略 -->
    <div class="col-xs-6 col-md-3">
        <div class="row">
            <div class="panel-1">
                <img src="<?php echo get_zfjj_uri(); ?>/img /panel-1.gif" />
                <hr />
                <div class="panel-font1 long-text">
                    市场前瞻 聚焦中长期板块
                </div>
                <div class="panel-font2 long-text">
                    浙方成长价值混合 A
                </div>
                <div class="panel-font3">
                    332.02%
                </div>
                <div class="panel-font4">
                    成立以来收益
                </div>
                <div class="shopping">
                    <a href="#"><img src="<?php echo get_zfjj_uri(); ?>/img/shopping.gif"
align="center" /></a>
                </div>
            </div>
        </div>

    </div>
    <!-- 周期热点 -->
    <div class="col-xs-6 col-md-3 ">
        <div class="row">
            <div class="panel-2">
                <img src="<?php echo get_zfjj_uri(); ?>/img/panel-2.gif" />
                <hr />
                <div class="panel-font1 long-text">
                    把握 " 碳中和 " 时代机遇
                </div>
                <div class="panel-font2 long-text">
                    浙方光伏新能源 C
                </div>
                <div class="panel-font3">
                    28.75%
                </div>
                <div class="panel-font4">
                    近一年收益
                </div>
                <div class="shopping">
```

```
                 <a href="#"><img src="<?php echo get_zfjj_uri(); ?>/img/shopping.gif"
align="center" /></a>
                </div>
            </div>
        </div>
    </div>
    <!-- 金牌经理 -->
    <div class="col-xs-6 col-md-3 ">
        <div class="row">
            <div class="panel-3">
                <img src="<?php echo get_zfjj_uri(); ?>/img/panel-3.gif" />
                <hr />
                <div class="panel-font1 long-text">
                    研究总监掌舵 深度挖掘牛股
                </div>
                <div class="panel-font2">
                    浙方消费升级混合
                </div>
                <div class="panel-font3">
                    39.55%
                </div>
                <div class="panel-font4">
                    近一年收益
                </div>
                <div class="shopping">
                    <a href="#"><img src="<?php echo get_zfjj_uri(); ?>/img/shopping.gif"
align="center" /></a>
                </div>
            </div>
        </div>
    </div>
    <!-- 人气之选 -->
    <div class="col-xs-6 col-md-3 ">
        <div class="row">
            <div class="panel-4">
                <img src="<?php echo get_zfjj_uri(); ?>/img/panel-4.png" />
                <hr />
                <div class="panel-font1">
                    均衡稳健长跑基
                </div>
                <div class="panel-font2">
                    均衡稳健长跑基
                </div>
                <div class="panel-font3">
                    45.03%
                </div>
                <div class="panel-font4">
```

```
            近一年收益
        </div>
        <div class="shopping">
            <a href="#">
                <img src="<?php echo get_zfjj_uri(); ?>/img/shopping.gif" align="center" />
            </a>
        </div>
    </div>
</div>


</div>
</div>
</section>
```

（5）需要动态地从 fund_data_sheet 基金数据表中去获取四大模块对应的基金名称和所有要展示的信息，在 functions.php 中定义获取四大模块基金数据的函数 get_second_data($title, $times)，步骤如下：

四个模块查询的数据表是相同的，展示的格式也是相同，可以在 functions.php 中去统一定义查询数据表和查询方式。

使用 PHP 的 MySQLi 去连接数据库，需要如下四个属性：

ServerName：数据库所在的服务器地址；

UserName：数据库登录的用户名；

PassWord：登录数据库的密码；

DbName：需要连接的数据库名称。

根据实际情况，服务器是在本地计算机上的，所以 ServerName 的属性值为 localhost，登录数据库的用户名为 root，密码为空，所需要链接的数据库是 zfjj。

MySQLi 的数据读取需要使用 query 方法去执行 SQL 语句，并通过指针去一行一行地读取查询的数据并进行输出。

因为查询的条件是不确定的，需要给方法定义两个变量来动态地传递查询参数，这里用 title 来传递四大模块的每个标题，用 times 来传递所需要展示的数据。代码示例如下：

```php
// 定义获取四大模块基金数据的方法 get_second_data($title, $times)
function get_second_data($title, $times)
{
    // 设置字符集
    $servername = "localhost";
    $username = "root";
    $password = "";
    $dbname = "zfjj";
    $amount = 1; // 设置显示数量
    // 创建连接
    $conn = new MySQLi($servername, $username, $password, $dbname);
    // Check connection
    if ($conn->connect_error) {
        die(" 连接失败 : " . $conn->connect_error);
    }

    $sql = "SELECT * FROM fund_data_sheet WHERE `others`='$title'";
    $result = $conn->query($sql);

    if ($result->num_rows > 0) {
        $i = 1;
        // 输出数据
        while ($i <= $amount) {
            $row = $result->fetch_assoc();  //$row["name"]
            echo
            "<div class='wenzi1 long-text'>" .
                $row["introduce"] .
                "</div>
            <div class='wenzi2 long-text'>" .
                $row["name"] .
                "</div>
            <div class='wenzi3'>";

            // $row["from_since"]*100 . "%"
            if ($times == " 成立以来 ") {
                echo $row["from_since"] * 100 . "%";
            } else {
                echo $row["year"] * 100 . "%";
            };
            echo "</div>";
            $i++;
        }
    } else {
        echo "0 结果 ";
    }
    $conn->close();
}
```

243

定义完 get_second_data($title，$times) 后，就需要在对应的网页位置
（即 second.php）去使用这个方法进行数据的展示，示例代码如下：

```
<div id="one">
    <article class="second-out-div shadow-2px">
        <img src="<?php get_zfjj_uri(); ?>/img/index_33.gif" />
        <hr/>
        <?php echo get_second_data(" 精品策略 "," 成立以来 "); ?>
        <div class="wenzi4">
            成立以来收益
        </div>
        <div class="goumai">
            <a href="#"><img src="<?php get_zfjj_uri(); ?>/img/index_47.gif"/></a>
        </div>
    </article>
    <article class="second-out-div shadow-2px">
    <img src="<?php get_zfjj_uri(); ?>/img/index_36.gif" />
        <hr/>
        <?php echo get_second_data(" 周期热点 "," 近一年 "); ?>
        <div class="wenzi4">
            近一年收益
        </div>
        <div class="goumai">
            <a href="#"><img src="<?php get_zfjj_uri(); ?>/img/index_47.gif"/></a>
        </div>
    </article>
</div>
<div id="two">
    <article class="second-out-div shadow-2px">
    <img src="<?php get_zfjj_uri(); ?>/img/index_38.gif" />
        <hr/>
        <?php echo get_second_data(" 金牌经理 "," 近一年 "); ?>
        <div class="wenzi4">
            近一年收益
        </div>
        <div class="goumai">
            <a href="#"><img src="<?php get_zfjj_uri(); ?>/img/index_47.gif"/></a>
        </div>
    </article>
    <article class="second-out-div shadow-2px">
    <img src="<?php get_zfjj_uri(); ?>/img/index_40.png" />
        <hr/>
        <?php echo get_second_data(" 人气之选 "," 近一年 "); ?>
        <div class="wenzi4">
```

```
        近一年收益
      </div>
      <div class="goumai">
          <a href="#"><img src="<?php get_zfjj_uri(); ?>/img/index_47.gif" /></a>
      </div>
    </article>
  </div>
```

（6）至此，四大模块的动态展示效果如图 7-17 所示。

图 7-17　浙方基金首页的四大模块动态展示效果

四、实现热销基金的动态效果

（一）任务介绍

本任务要实现浙方基金首页中热销基金板块的动态效果，这个板块需要能够按照基金分类去查询不同分类下的基金数据，根据数据的正负去控制展示的样式（涨为红色，跌为绿色）。同时点击右上角不同的分类需要切换不同的查询结果，这里就要用到 AJAX 的技术进行异步的网页请求展示。

（二）任务目标

（1）修改静态的 HTML 代码。

（2）创建查询数据的方法，用以查询不同的分类的基金数据。

（3）动态的展示当前分类下的基金数据到页面。

（4）使用 AJAX 异步请求不同的分类的基金数据。

（三）任务实施

（1）在 C:\xampp\htdocs\zfjj\wp-content\themes\zfjj\index 目录下创建 rxjj.php 热销基金程序。

（2）将静态的 HTML 代码复制到 rxjj.php 中，并修改静态资源中路径相关的代码，如将所有图片路径"img 改成"<?php echo get_zfjj_uri(); ?>/img，代码示例如下：

```html
<!-- 热销基金 开始 -->
<section id="index_product" class="container">
    <div class="index-title">
        <div class="index-title-img">
            <img src="<?php get_zfjj_uri(); ?>/img/product.gif" />
        </div>
        <div class="index-title-text">
            热销基金
        </div>
        <div class="index-title-add">
            <a href="#" class="form-title-active"> 混合型 </a>
            <span class="form-title-joint">|</span>
            <a href="#"> 股票型 </a>
            <span class="form-title-joint">|</span>
            <a href="#"> 指数型 </a>
            <span class="form-title-joint">|</span>
            <a href="#"> 债券型 </a>
            <span class="form-title-joint">|</span>
            <a href="#"> 货币型 </a>
        </div>
    </div>
    <div class="product-box">
        <div class="form">
            <table>
                <tr class="form-frist-tr">
                    <td id="fund-name"> 基金名称 </td>
```

```
<td> 单位净值 </td>
<td class="hidden-xs"> 累计净值 </td>
<td class="hidden-xs"> 净值日期 </td>
<td> 日涨跌幅 </td>
<td class="hidden-xs"> 最近半年 </td>
<td class="hidden-sm hidden-xs"> 最近一年 </td>
<td class="hidden-sm hidden-xs"> 今年以来 </td>
<td class="hidden-md hidden-sm hidden-xs"> 成立以来 </td>

</tr>
<tr>
    <td> 浙方成长价值混合 A <br />
        <span class="fund-code">001875</font>
    </td>
    <td>2.5300</td>
    <td class="hidden-xs">3.4500</td>
    <td class="hidden-xs">2021-07-20</td>
    <td>
        <span class="fund-down">-0.32%</span>
    </td>
    <td class="hidden-xs">
        <span class="fund-down">-9.06%</span>
    </td>
    <td class="hidden-sm hidden-xs">
        <span class="fund-up">24.29%</span>
    </td>
    <td class="hidden-sm hidden-xs">
        <span class="fund-up">3.39%</span>
    </td>
    <td class="hidden-md hidden-sm hidden-xs">
        <span class="fund-up">332.02%</span>
    </td>
</tr>
<tr>
    <td> 浙方医疗健康 A <br />
        <span class="fund-code">005453</span>
    </td>
    <td>3.2638</td>
    <td class="hidden-xs">3.2638</td>
    <td class="hidden-xs">2021-07-20</td>
    <td>
        <span class="fund-up">0.13%</span>
    </td>
    <td class="hidden-xs">
        <span class="fund-up">4.99%</span>
    </td>
    <td class="hidden-sm hidden-xs">
        <span class="fund-up">47.20%</span>
```

```
    </td>
    <td class="hidden-sm hidden-xs">
        <span class="fund-up">13.36%</span>
    </td>
    <td class="hidden-md hidden-sm hidden-xs">
        <span class="fund-up">226.38%</span>
    </td>
</tr>
<tr>
    <td> 浙方消费升级混合 <br />
        <span class="fund-code">000689</span>
    </td>
    <td>2.7350</td>
    <td class="hidden-xs">2.8450</td>
    <td class="hidden-xs">2021-07-20</td>
    <td>
        <span class="fund-up">1.22%</span>
    </td>
    <td class="hidden-xs">
        <span class="fund-down">-9.06%</span>
    </td>
    <td class="hidden-sm hidden-xs">
        <span class="fund-up">50.27%</span>
    </td>
    <td class="hidden-sm hidden-xs">
        <span class="fund-up">62.03%</span>
    </td>
    <td class="hidden-md hidden-sm hidden-xs">
        <span class="fund-up">200.65%</span>
    </td>
</tr>
<tr>
    <td> 浙方新蓝筹精选混合 <br />
        <span class="fund-code">000788</span>
    </td>
    <td>2.5230</td>
    <td class="hidden-xs">2.6030</td>
    <td class="hidden-xs">2021-07-20</td>
    <td>
        <span class="fund-up">0.92%</span>
    </td>
    <td class="hidden-xs">
        <span class="fund-up">20.43%</span>
    </td>
    <td class="hidden-sm hidden-xs">
        <span class="fund-up">42.95%</span>
    </td>
    <td class="hidden-sm hidden-xs">
```

```
            <span class="fund-up">24.29%</span>
        </td>
        <td class="hidden-md hidden-sm hidden-xs">
            <span class="fund-up">171.29%</span>
        </td>
    </tr>
    <tr>
        <td> 浙方沪深 300 指数 <br />
            <span class="fund-code">000656</span>
        </td>
        <td>1.9620</td>
        <td class="hidden-xs">2.3320</td>
        <td class="hidden-xs">2021-07-20</td>
        <td>
            <span class="fund-down">-0.05%</span>
        </td>
        <td class="hidden-xs">
            <span class="fund-down">-0.96%</span>
        </td>
        <td class="hidden-sm hidden-xs">
            <span class="fund-up">21.64%</span>
        </td>
        <td class="hidden-sm hidden-xs">
            <span class="fund-up">4.08%</span>
        </td>
        <td class="hidden-md hidden-sm hidden-xs">
            <span class="fund-up">170.02%</span>
        </td>
    </tr>
    <tr>
        <td> 浙方周期优选混合 <br />
            <span class="fund-code">003857</span>
        </td>
        <td>2.4529</td>
        <td class="hidden-xs">2.4529</td>
        <td class="hidden-xs">2021-07-20</td>
        <td>
            <span class="fund-up">0.05%</span>
        </td>
        <td class="hidden-xs">
            <span class="fund-up">14.59%</span>
        </td>
        <td class="hidden-sm hidden-xs">
            <span class="fund-up">44.82%</span>
        </td>
        <td class="hidden-sm hidden-xs">
            <span class="fund-up">20.06%</span>
        </td>
    </tr>
```

```
        <td class="hidden-md hidden-sm hidden-xs">
            <span class="fund-up">145.29%</span>
        </td>
      </tr>
    </table>
  </div>

  <div class="more col-xs-12">
  <a href="#"> <span class="glyphicon glyphicon-triangle-bottom"></span> 查看更多 </a>
  </div>
  </div>
  </div>
</section>
<!-- 热销基金 结束 -->
```

在首页 index.php 中利用如下代码引入热销基金程序 rxjj.php：

```
<!-- 引入热销基金文件 -->
<?php include("index/rxjj.php"); ?>
```

（3）在 function.php 中创建统一的数据查询方法 get_my_data($num, $groups)，因为查询的数据因分类不同而显示的条数不同，所以用 $num 来定义查询一次显示的数据条数，用 $groups 来定义查询的分组条件。使用 PHP 的 MySQLi 去连接数据库，需要如下四个属性：

ServerName：数据库所在的服务器地址；

UserName：数据库登录的用户名；

PassWord：登录数据库的密码；

DbName：需要连接的数据库名称。

根据实际情况，服务器是在本地计算机上的，所以 ServerName 的属性值为 localhost，登录数据库的用户名为 root，密码为空，所需要链接的数据库是 zfjj。

MySQLi 的数据读取需要使用 query 方法去执行 SQL 语句，并通过指针去一行一行地读取查询的数据并进行输出，用 $row = $result->fetch_assoc(); 去获取每一行的数据，用 $row["列名"] 获取对应的数据就可以了。代码示例如下：

```
/*
* 基金数据表的数据查询
*get_my_data(int num[ 查询数量 ],string groups [ 查询条件 ])
*/
// 定义获取热销基金数据的方法 get_my_data($num , $groups)
function get_my_data($num, $groups)
{
    // 设置字符集
    $servername = "localhost"; // 服务器地址
    $username = "root"; // 数据库用户名
    $password = ""; // 数据库密码
    $dbname = "zfjj"; // 数据库名称

    // 创建链接
    $conn = new MySQLi($servername, $username, $password, $dbname);

    // Check connection
    if ($conn->connect_error) {
        die(" 连接失败 : " . $conn->connect_error);
    }

    $sql = "SELECT * FROM fund_data_sheet WHERE `groups` LIKE '$groups'";

    // 统计当前选项下一共有多少条数据
    $amount_a = "SELECT count(*) FROM fund_data_sheet WHERE `groups` LIKE '$groups'";
    $amount_b = $conn->query($amount_a);
    $amount_c = $amount_b->fetch_all();
    $amount = $amount_c[0][0];
    if ($amount > $num) {
        $amount = $num;
    }
    $result = $conn->query($sql);

    if ($result->num_rows > 0) {
        $i = 1;
        // 输出数据

        while ($i <= $amount) {
            $row = $result->fetch_assoc();
            echo "
                <tr class='pointer' onFocus='open(this);' data-fund-id='" . $row["id"] . "'>
                    <td class='padding-top-10px width_222px'>" . $row["name"] . "<br /><span class='fund-code' >" . $row["id"] . "</span></td>
                    <td class='second_120px'>" . $row["nav"] . "</td>
                    <td class='hidden-xs second_120px'>" . $row["nmt"] . "</td>
                    <td class='hidden-xs second_120px'>" . $row["datetime"] . "</td>";
            // 今日涨跌幅
            if ($row["day"] > 0) {
```

```php
        echo " <td class='red intable_oth'>" . $row["day"] * 100 . "%" . "</td>";
    } elseif ($row["day"] < 0) {
        echo " <td class='green intable_oth'>" . $row["day"] * 100 . "%" . "</td>";
    } else {
        echo " <td class='gray intable_oth'>" . $row["day"] * 100 . "%" . "</td>";
    };
    // 最近半年
    if ($row["half_year"] > 0) {
        echo " <td class='red hidden-xs intable_oth'>" . $row["half_year"] * 100 . "%" . "</td>";
    } elseif ($row["half_year"] < 0) {
        echo " <td class='green hidden-xs intable_oth'>" . $row["half_year"] * 100 . "%" . "</td>";
    } else {
        echo " <td class='gray hidden-xs intable_oth'>" . $row["half_year"] * 100 . "%" . "</td>";
    };
    // 最近一年
    if ($row["year"] > 0) {
        echo " <td class='red hidden-xs hidden-sm intable_oth'>" . $row["year"] * 100 . "%" . "</td>";
    } elseif ($row["year"] < 0) {
        echo " <td class='green hidden-xs hidden-sm intable_oth'>" . $row["year"] * 100 . "%" . "</td>";
    } else {
        echo " <td class='gray hidden-xs hidden-sm intable_oth'>" . $row["year"] * 100 . "%" . "</td>";
    };
    // 今年以来
    if ($row["from_year"] > 0) {
        echo " <td class='red hidden-xs hidden-sm intable_oth'>" . $row["from_year"] * 100 . "%" . "</td>";
    } elseif ($row["from_year"] < 0) {
        echo " <td class='green hidden-xs hidden-sm intable_oth'>" . $row["from_year"] * 100 . "%" . "</td>";
    } else {
        echo " <td class='gray hidden-xs hidden-sm intable_oth'>" . $row["from_year"] * 100 . "%" . "</td>";
    };
    // 成立以来
    if ($row["from_since"] > 0) {
        echo " <td class='red hidden-xs hidden-sm hidden-md intable_oth'>" . $row["from_since"] * 100 . "%" . "</td>";
    } elseif ($row["from_since"] < 0) {
        echo " <td class='green hidden-xs hidden-sm hidden-md intable_oth'>" . $row["from_since"] * 100 . "%" . "</td>";
    } else {
        echo " <td class='gray hidden-xs hidden-sm hidden-md intable_oth'>" . $row["from_since"] * 100 . "%" . "</td>";
    };
    echo "</tr>";
```

```
      $i++;
    }
  } else {
    echo "0 结果 ";
  }
  $conn->close();
}
```

注意，在每次使用完数据库连接完毕后，都要用"$conn->close();"关闭数据库连接，以释放资源。

（4）在 rxjj.php 中，可以调用上述定义完的 function 方法 get_my_data ($num，$groups) 来获取默认分类的数据，代码示例如下：

```
<!-- 热销基金 开始 -->
<section id="index_product" class="container">
  <div class="index-title">
    <div class="index-title-img">
      <img src="<?php echo get_zfjj_uri(); ?>/img/product.gif" />
    </div>
    <div class="index-title-text">
      热销基金
    </div>
    <ul class="mose-on-this margin-top-30px">
      <li class="margin-left-80px active-text-color"">
        <font id="1"> 混合型 </font>
        <!-- 点中的文字颜色  class="form-title-active" -->
        <span class="form-title-joint">|</span>
      </li>
      <li ">
        <font id="2"> 股票型 </font>
        <span class="form-title-joint">|</span>
      </li>
      <li ">
        <font id="3"> 指数型 </font>
        <span class="form-title-joint">|</span>
      </li>
      <li>
        <font id="4"> 债券型 </font>
        <span class="form-title-joint">|</span>
      </li>
      <li ">
        <font id="5"> 货币型 </font>
      </li>
    </ul>
  </div>
```

253

```html
<div class="product-box">
  <div class="form">
    <table id="hhx" class="myTable-title a7">
      <tr class="form-frist-tr">
        <td id="fund-name"> 基金名称 </td>
        <td> 单位净值 </td>
        <td class="hidden-xs"> 累计净值 </td>
        <td class="hidden-xs"> 净值日期 </td>
        <td> 日涨跌幅 </td>
        <td class="hidden-xs"> 最近半年 </td>
        <td class="hidden-sm hidden-xs"> 最近一年 </td>
        <td class="hidden-sm hidden-xs"> 今年以来 </td>
        <td class="hidden-md hidden-sm hidden-xs"> 成立以来 </td>
      </tr>
    </table>

    <div id="table_1">
      <table id='jjnr' class="myTable a7">
        <?php echo get_my_data(6, ' 混合型 '); ?>
      </table>
    </div>
  </div>
  <div class="more col-xs-12">
    <a href="#"> >> 查看更多 </a>
  </div>
</div>
</div>
</section>
```

这样就可以在页面中看到查询到的基金数据了，但是还不能进行切换。

（5）实现基金类型的切换功能，即用鼠标点击不同基金分类的名称，来切换要查询的基金数据。切换采用最简单直接的方式进行，可以一次性加载所有分类的查询数据，然后根据点击不同的分类查询来显示不同的分类数据。

提前加载好 5 个分类在首页查询出来的 6 条数据信息，通过控制 display 的属性来控制默认展示的基金数据，把热销基金程序 rxjj.php 中显示的 6 只基金的代码改成如下内容：

```
<div id="table_1">
        <table id='jjnr' class="myTable a7">
          <?php echo get_my_data(6, ' 混合型 '); ?>
        </table>
    </div>

    <div id="table_2" style="display: none">
      <table id='jjnr' class="myTable a7">
        <?php echo get_my_data(6, ' 股票型 '); ?>
      </table>
    </div>

    <div id="table_3" style="display: none">
      <table id='jjnr' class="myTable a7">
        <?php echo get_my_data(6, ' 指数型 '); ?>
      </table>
    </div>

    <div id="table_4" style="display: none">
      <table id='jjnr' class="myTable a7">
        <?php echo get_my_data(6, ' 债券型 '); ?>
      </table>
    </div>

    <div id="table_5" style="display: none">
      <table id='jjnr' class="myTable a7">
        <?php echo get_my_data(6, ' 货币型 '); ?>
      </table>
    </div>
```

在不同分类中添加鼠标单击事件，并用 JavaScript 创建 index_click(a)
事件，为了区别点击的名称用参数 a 来确定每次点击的按钮把热销基金程序
rxjj.php 中基金类型相关的代码改成如下内容：

```
<ul class="mose-on-this margin-top-30px">
        <li class="margin-left-80px active-text-color" onClick="index_click(1)">
          <font id="1"> 混合型 </font>
          <!-- 点中的文字颜色  class="form-title-active" -->
          <span class="form-title-joint">|</span>
        </li>
        <li onClick="index_click(2)">
          <font id="2"> 股票型 </font>
          <span class="form-title-joint">|</span>
        </li>
        <li onClick="index_click(3)">
```

```
        <font id="3"> 指数型 </font>
        <span class="form-title-joint">|</span>
    </li>
    <li onClick="index_click(4)">
        <font id="4"> 债券型 </font>
        <span class="form-title-joint">|</span>
    </li>
    <li onClick="index_click(5)">
        <font id="5"> 货币型 </font>
    </li>
</ul>
```

上述 id1-5 分别对应了 5 个分类，在热销基金程序 rxjj.php 最后增加用参数判断点击的分类 JavaScript 方法，代码如下：

```
<script>
    function index_click(a) {
    for (i = 1; i < 6; i++) {
        document.getElementById('table_' + i).style.display = "none";
        document.getElementById(i).style.color = "#000000";
    }
        document.getElementById('table_' + a).style.display = "inline";
        document.getElementById(a).style.color = "#d0ae6c";
    }
</script>
```

（6）通过 1-5，用参数的形式将按钮和需要展示的数据进行了一个关系的确认，从而用来控制页面展示内容，如图 7-18 所示。

基金名称	单位净值	累计净值	净值日期	日涨跌幅	最近半年	最近一年	今年以来	成立以来
浙方黄金ETF 159812	3.7075	0.954	2021-08-23	0.95%	-2.59%	-11.65%	-4.41%	-4.6%
浙方黄金ETF联接 009198	0.9438	0.9438	2021-08-23	0.89%	-2.51%	-11.05%	-4.18%	-5.62%
浙方中航军工 164402	1.18	1.18	2021-08-23	-1.34%	10.69%	15.69%	3.6%	21.88%
浙方中证军工指数C 002199	1.125	2.085	2021-08-23	-1.4%	9.97%	9.76%	2.93%	119.43%
浙方中证军工指数A 000596	2.212	2.212	2021-08-23	-1.47%	10.1%	10.1%	3.08%	121.2%
浙方沪深300指数 000656	1.89	2.26	2021-08-23	-1.87%	-10.04%	-10.04%	0.27%	160.11%

◎ 热销基金　　　　　　　　　　　　混合型 ｜ 股票型 ｜ 指数型 ｜ 债券型 ｜ 货币型

图 7-18　热销基金效果图展示

（7）热销基金是首页用来展示的，用户可以点击对应基金所在的行进入基金的详情页面，这是使用了 JQ 对 tr 页面 tr 空间添加了鼠标单击效果，在页面跳转的时候通过获取基金的代码方式，来确定基金详情页的基金展示内容，代码如下：

```
$('body').on('click','tr',function () {
    console.log($(this).data("id"));
    var id = $(this).data("id");
    window.open("http://localhost/zfjj/jjxq/?fundid="+id);
})
```

（8）到这一步点击对应的基金行就能进入到对应的基金详情页面了，基金详情页的制作具体实现放在第七章第二节，这里只进行效果展示，如图 7–19 所示。

图 7–19　点击跳转基金详情页的效果

五、实现"关于浙方"的动态效果

（一）任务介绍

本任务要实现浙方基金网站首页中"关于浙方"板块的动态效果，这个板块所用到的知识和资讯热点类似，都是运用了文章的查询和展示。

（二）任务目标

（1）在 WordPress 后台创建对应的文章分类，并添加一定数量的文章。

（2）在网页对应的位置查询并展示文章的标题和摘要。

（3）文章页面的跳转。

（三）任务实施

（1）在 WordPress 后台创建"关于浙方"的文章分类，如图 7-20 所示。

图 7-20　创建"关于浙方"的文章分类

（2）在分类下发布几篇文章用于效果的展示，如图 7-21 所示。

图 7-21 "关于浙方"下的文章发布

（3）在 C:\xampp\htdocs\zfjj\wp-content\themes\zfjj\index 下创建 gyzf.php 文件。

（4）将静态的 HTML 代码复制到 gyzf.php 中，并修改有关的 src 路径，代码如下：

```html
<!-- 关于浙方 开始 -->
<!-- 第七板块 关于浙方 -->
<div id="index_about" class="container">
    <div class="row">

    <div class="about-left col-lg-6 col-md-12">
        <div class="index-title">
            <div class="index-title-img">
                <img src="<?php echo get_zfjj_uri(); ?>/img/about.png" />
            </div>
            <div class="index-title-text">
                关于浙方
            </div>
        </div>
        <div class="about-left-box">
            <ul>
```

```
        <li> 投资理念：专注追求绝对收益 </li>
        <div> 公司始终坚持以 " 专注追求绝对收益 " 为核心投资理念，保护基金持有人的
长期利益，力争实现基金持有人的正回报。</div>
        <li> 机制创新：股权激励机制创新 </li>
        <div> 由公司核心成员组成的合伙企业占股 25%，为并列第一大股东，实现了核心
员工与公司利益的一致性。</div>
        <li> 实践创新：多资产多品种多策略的大类资产配置能力 </li>
        <div> 公司在权益、债券、黄金等大类资产领域多次精准预判和前瞻布局。</div>
    </ul>
</div>


</div>
<div class="about-right col-lg-6 hidden-md hidden-sm hidden-xs">
    <img src="<?php echo get_zfjj_uri(); ?>/img/home-img.gif" />
</div>


</div>
</div>
<br />
<!-- 关于浙方 结束 -->
```

（5）在 WordPress 中可以查看到关于浙方的文章分类 ID 为 10，如图
7-22 所示。

图 7-22　查 " 询关于浙方 " 的文章分类 ID

260

（6）同资讯热点一样，使用 WP_Query 来查询对应的文章内容，并展示在页面中，"关于浙方"程序 gyzf.php 中有关代码如下：

```
<ul>
  <?php $mzcl = array(
    'post_type'        => 'post',
    'posts_per_page'   => 3,
    'category__in'     => 10, // 设置查询的分类 id
  ); ?>
  <?php $myquery_mzcl = new WP_Query($mzcl); ?>
  <?php if ($myquery_mzcl->have_posts()) : ?>
    <?php while ($myquery_mzcl->have_posts()) : $myquery_mzcl->the_post(); ?>
      <li class="gyzf_a" > <a href="<?php the_permalink(); ?>" ><?php echo get_the_title(); ?></a> </li>
      <div class=""><?php echo get_the_excerpt(); ?></div>
    <?php endwhile; ?>
  <?php endif; ?>
  <?php wp_reset_postdata(); ?>
</ul>
```

（7）效果展示

首页中关于浙方的效果展示如图 7-23 所示。

图 7-23　首页中"关于浙方"的效果展示

（8）到此，首页的动态效果基本都实现了，接下来的任务就是完善浙方基金网站的整体功能了。

第二节　实现基金详情页的动态效果

（一）任务介绍

本任务要实现浙方基金网站中基金详情页面的动态效果，基金详情页面需要根据点击不同的基金查看显示该基金的信息。

（二）任务目标

（1）制作基金详情页的模板页面。

（2）实现点击不同基金跳转到基金详情页面的效果。

（3）实现基金详情页面的购买功能。

（三）任务实施

（1）在 WordPress 的控制台 http://localhost/zfjj/wp-admin，新建基金详情页的页面，如图 7-24 所示。

图 7-24　WordPress 创建新页面的界面

（2）在新建页面中填写页面的别名为 jjxq，如图 7-25 所示。

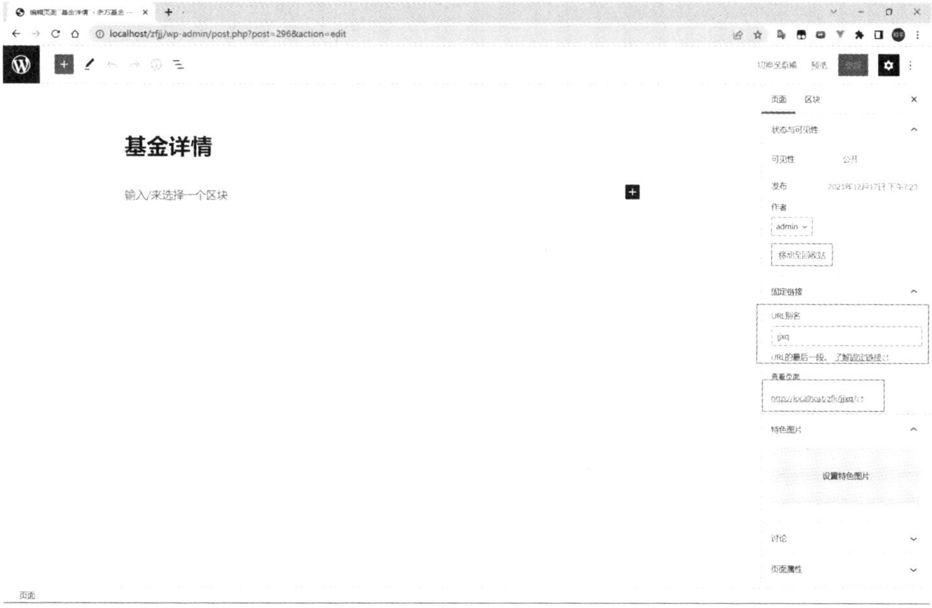

图 7-25　WordPress 创建页面

同时，能够获得跳转页面的链接为：http://localhost/zfjj/jjxq/。

（3）创建完基金详情页面并有了链接，但是还没有对应的资源文件，所以需要在 C:\xampp\htdocs\zfjj\wp-content\themes\zfjj 下创建 page.php 作为基金详情页面。

（4）在 page.php 中引入网站统一的头部（header.php）和底部（footer.php）的组件及静态的 CSS 资源，代码示例如下：

```
<!-- 这是基金详情页面 -->
<!-- 链接 CSS 和 JQ -->
<link rel="stylesheet" href="<?php get_zfjj_uri(); ?>/css/page.css">
<script src="<?php get_zfjj_uri(); ?>/jquery/jquery-3.6.0/dist/jquery.min.js"></script>
<?php include('css/addcss.php'); ?>
<?php include('header.php'); ?>
<!--网页展示的部分 -->
<?php include('footer.php'); ?>
```

（5）在把头部和底部及所需要的 CSS 文件引入 page.php 文件中之后，

接下来就是要动态地展示基金的数据，在点击基金跳转过来的时候，将基金的 6 位代码通过 GET 的方式传递过来，紧接着就是要在 page.php 页面去获取点击的 GET 请求。操作如下：

第一，使用 PHP 去获得 GET 请求，代码如下：

```
$id = $_GET["fund_id"];
```

第二，拿到传递过来的基金编码即 $id 后，需要通过条件查询的方式从数据库中查询到对应的基金数据，代码如下：

```
// 设置字符集
$servername = "localhost"; // 服务器地址
$username = "root"; // 数据库用户名
$password = ""; // 数据库密码
$dbname = "zfjj"; // 数据库名称

// 创建连接
$conn = new MySQLi($servername, $username, $password, $dbname);
$sql = "SELECT * FROM fund_data_sheet WHERE `id` = '$id'";
if (isset($_COOKIE["up"]) && $_COOKIE["up"] != "") {
    $phone = $_COOKIE["up"];
    $sql2 = "SELECT * FROM `zff_users_wallet` WHERE `user_phone`='$phone';";
}
//检查连接
if ($conn->connect_error) {
    die(" 连接失败 : " . $conn->connect_error);
} else {
    $result = $conn->query($sql);
    if (isset($_COOKIE["up"]) && $_COOKIE["up"] != "") {
        $user_result = $conn->query($sql2);
    }
    if ($result->num_rows > 0) {
        // 输出数据
        $row = $result->fetch_assoc();
        if (isset($_COOKIE["up"]) && $_COOKIE["up"] != "") {
            $user_row = $user_result->fetch_assoc();
        }
?>
        <!-- 展示内容 -->
        <div style="background-color: #FFFFFF;">
            <div id="fund_title" class="do_center do_width1200ax">
                <?php echo $row["name"]; ?>
                <font id="fundid" title=" 点击复制 "><?php echo $row["id"]; ?></font>
```

```
        </div>
    </div>

    <div id="my_but" class="do_center do_width1200ax">
        <div id="buy_in" class="my_but"> 买入 </div>
        <div id="buy_out" class="my_but"> 卖出 </div>
    </div>
    <!-- 展示内容 END -->
```

（6）到这一步，基金详情页面就可以在用户点击不同的基金时，展示不同的基金名称和数据了，但是还没有实现购买基金的功能，购买的基金功能实现步骤如下：需要监测用户是否登录，用户是否登录是通过 cookie 去判断的，如果用户没有登录，就需要提示用户要先进行登录，然后才能购买基金；如果用户已经登录，那么在购买的时候还需要考虑到基金的数量、用户购买的总金额等数据，以判断是否可以完成购买。

实现的代码如下：

```
<!-- 这是基金详情页面 -->
<!-- 链接 CSS 和 JQ -->
<link rel="stylesheet" href="<?php get_zfjj_uri(); ?>/css/page.css">
<script src="<?php get_zfjj_uri(); ?>/jquery/jquery-3.6.0/dist/jquery.min.js"></script>
<?php include('css/addcss.php'); ?>
<!-- 消息窗的背景 -->
<div id="message_bg" style="display: none;">

</div>
<?php include('body-head.php'); ?>
<!-- 链接数据库进行数据查询 -->
<?php
$id = $_GET["fundid"];

// 设置字符集
$servername = "localhost"; // 服务器地址
$username = "root"; // 数据库用户名
$password = ""; // 数据库密码
$dbname = "zfjj"; // 数据库名称

// 创建连接
$conn = new MySQLi($servername, $username, $password, $dbname);
$sql = "SELECT * FROM fund_data_sheet WHERE `id` = '$id'";
```

```php
if (isset($_COOKIE["up"]) && $_COOKIE["up"] != "") {
    $phone = $_COOKIE["up"];
    $sql2 = "SELECT * FROM `zff_users_wallet` WHERE `user_phone`='$phone';";
}
// 检查连接
if ($conn->connect_error) {
    die(" 连接失败 : " . $conn->connect_error);
} else {
    $result = $conn->query($sql);
    if (isset($_COOKIE["up"]) && $_COOKIE["up"] != "") {
        $user_result = $conn->query($sql2);
    }
    if ($result->num_rows > 0) {
        // 输出数据
        $row = $result->fetch_assoc();
        if (isset($_COOKIE["up"]) && $_COOKIE["up"] != "") {
            $user_row = $user_result->fetch_assoc();
        }
    }
?>
```

```html
        <!-- 展示内容 -->
        <div style="background-color: #FFFFFF;">
            <div id="fund_title" class="do_center do_width1200ax">
                <?php echo $row["name"]; ?>
                <font id="fundid" title=" 点击复制 "><?php echo $row["id"]; ?></font>
            </div>
        </div>

        <div id="my_but" class="do_center do_width1200ax">
            <div id="buy_in" class="my_but"> 买入 </div>
            <div id="buy_out" class="my_but"> 卖出 </div>
        </div>

        <div id="buy_from" class="do_center do_width1200ax" style="display:none;">
            <form action="http://localhost/zfjj/buy_success/">
                <table id="buy_funds">
                    <tr>
                        <td style="text-align: right;"> 基金名字 :</td>
                        <td><?php echo $row["name"]; ?></td>
                    </tr>
                    <tr>
                        <td style="text-align: right;"> 基金编码 :</td>
                        <td><input type="text" name="fundid" id="fundid" value=<?php echo $row["id"]; ?>></td>
                    </tr>
                    <tr>
                        <td style="text-align: right;"> 购买单价 :</td>
                        <td><input type="number" name="nav" id="nav" value=<?php echo $row["nav"] ?>></td>
```

```
                        </tr>
                        <tr>
                            <td style="text-align: right;"> 购买数量 :</td>
                            <td>
                                <input type="number" name="buy_num" id="buy_num" value="100">
                                <br>
                                <font id="buy_sum"> 总计 : <font id="buy_sum_num"></font>
                                </font>
                            </td>
                        </tr>
                        <tr>
                            <td style="text-align: right;"> 可用余额 :</td>
                            <td id="user_wallet"><?php echo $user_row["user_wallet"]; ?></td>
                        </tr>
                        <tr>
                            <td colspan="2" style="text-align: center;">
                                <button type="submit"  class="buy_bt"> 确认 </button>
                                <div id="bt_qx" class="buy_bt"> 取消 </div>
                            </td>
                        </tr>
                    </table>
                </form>
            </div>
            <!-- 展示内容 END -->
            <div id="message" style="display: none;">
                <font id="message_title"> 浙方基金 -ZHEFANG Fund</font>

                <div id="message_txt"></div>
                <font id="message_time"></font>
                <div id="message_close">OK</div>
            </div>
<?php
        }
    }
$conn->close();

?>
<script>
    $("#fund_title").click(function() {
        var val = document.getElementById('fundid');
        window.getSelection().selectAllChildren(val);
        document.execCommand("Copy");
        window.getSelection().empty()
        alert( "已经复制编码 ")
    });
    $("#buy_in").click(function() {
        check_login();
        // 判断是否可以买入
```

```
        var user_wallet = get_user_wallet();
        if (buy_sum > get_user_wallet()) {
            message(" 超出可买入范围 ");
        }
});

function check_login() {
        c_start = document.cookie.indexOf("name");
        if (c_start == -1) {
            // alert(" 您还没有登录，即将前往登录界面 ");
            message(" 您还没有登录，即将前往登录界面 ");
            // 执行 countDown 方法
            countDown();
        } else {
            console.log("OK");
            // 已经登录会员
            $("#buy_from").attr({
                undefined,
                "style": "display:;"
            })

        }
};
var count = 3;
// 倒计时
function countDown() {
        // 将 count 显示在 div 中
        document.getElementById("message_time").innerHTML = count;
        // 每执行一次，count 减 1
        count -= 1;
        //count=0 时，跳转页面
        if (count == 0) {
            location.href = "http://localhost/zfjj/login/";
        }
        // 每秒执行一次 ,showTime()
        setTimeout("countDown()", 1000);
}
// 初次计算金额
var numb = get_nav();
var buy_sum = numb * $("#buy_num").val();
$("#buy_sum_num").text(buy_sum);
// 点击名字复制基金编码
// 实时计算金额
$("#buy_num").bind("input propertychange", function(event) {
        numb = get_nav();
        buy_sum = numb * $("#buy_num").val();
        $("#buy_sum_num").text(buy_sum);
        if (buy_sum>get_user_wallet()) {
```

```
            alert(" 超出最大可买入数量 ");
        }
    });

    // 取消购买
    $("#bt_qx").click(function() {
        $("#buy_from").attr({
            undefined,
            "style": "display:none;"
        })
    })
    // 获取数据
    function get_nav() {
        var get_nav = $("#nav").val();
        console.log(get_nav);
        return get_nav;
    }
    function get_user_wallet() {
        var get_user_wallet = $("#user_wallet").text();
        return get_user_wallet;
    }
    // 消息提示框
    function message(text) {
        $("#message").attr({
            undefined,
            "style": "display:;",
        })
        $("#message_bg").attr({
            undefined,
            "style": "display:;",
        })
        $("#message_txt").text(text);
    }
    $("#message_close").click(function(){
        $("#message").attr({
            undefined,
            "style": "display:none;",
        })
        $("#message_bg").attr({
            undefined,
            "style": "display:none;",
        })
    });
</script>
<?php include('footer.php'); ?>
```

（7）基金购买的功能通过以上代码就完成了，其效果展示如图 7-26、图 7-27、图 7-28 所示。

图 7-26　用户未登录购买基金，提示请登录并跳转到登录页面

图 7-27　用户登录后购买基金页面

图 7-28　用户提交购买后页面

第三节　实现注册页的动态效果

（一）任务介绍

本任务要实现浙方基金网站注册的功能，在刚刚的基金购买页面已经讲到了网站的登录权限，如果用户没有登录，是无法进行基金的购买操作的，但是在用户登录之前需要注册网站账户，有了账户才能进行登录，然后才能购买基金。

（二）任务目标

（1）实现注册页面的制作。
（2）实现注册页面的注册功能。

（三）任务实施

（1）制作注册页面，首先要在 C:\xampp\htdocs\zfjj\wp-content\themes\zfjj 这个目录下创建 login 文件夹，用来存放有关登录注册页面所需要用到的资源文件。

（2）根据注册页面的效果，需要再制作一个头部文件，用于登录注册页面，如图 7-29 所示。

图 7-29　注册页面

（3）在 login 文件夹下创建 login-header.php 文件用于存放登录注册页的头部，代码示例如下：

```
<!-- 登录界面头部 -->

<head>
    <meta charset="utf-8">
    <meta http-equiv="X-UA-Compatible" content="IE=edge">
    <meta name="viewport" content="width=device-width, initial-scale=1">
    <!-- 上述 3 个 meta 标签 * 必须 * 放在最前面，任何其他内容都 * 必须 * 跟随其后！ -->
    <title>
        <?php my_title() ?>
    </title>
    <link rel="icon" href="<?php echo get_zfjj_uri(); ?>/img/logo.png" />
</head>
<body>
    <div id="login-header" class="test backcolor-#FFFFFF">
        <div id="login-1200" class="center-div">
```

```
            <a href="http://localhost/zfjj"><img id="login-header-img" src="<?php echo get_zfjj_uri();
?>/img/index_03.png" alt="logo"></a>
            <ul id="login-header-right" class="float-right">
                <li><a href="http://localhost/zfjj/"> 网站首页 </a></li>
                <li><a href="http://localhost/zfjj/"> 常见问题 </a></li>
                <li><a href="http://localhost/zfjj/"> 在线客服 </a></li>
            </ul>
        </div>
    </div>
```

（4）在 C:\xampp\htdocs\zfjj\wp-content\themes\zfjj\login\join 目录下新建 join 文件夹用来存放注册页的静态资源，在 join 文件夹下创建 join-border.php 文件用于制作注册页的主要内容，将注册的表单信息提交到 page_test.php 下，join-border.php 代码如下：

```
<div id="join_main">
    <div id="join_welcome">
        <div id="red-vline"></div>
        <font id="welcome_title"> 欢迎注册 </font>
        <div id="two_select">
            <font id="txxx" class="two_border two_select_active"> 填写信息 </font>
            <font id="line">———————————————</font>
            <font id="wczc" class="two_border two_select_un"> 完成注册 </font>
        </div>
        <font id="yyzh"> 已有账户：<a href="http://localhost/zfjj/login"> 立即登录 </a></font>
        <div class="join_welcome_hr"></div>
        <form action="../test" method="$_POST">
            <table id="join_form" >
                <tr>
                    <td class="join_form_left"><font> 昵      称: </font></td>
                    <td class="join_form_right"><input type="text" name="username" placeholder="
请输入昵称 "></td>
                </tr>
                <tr>
                    <td class="join_form_left"><font> 手机号: </font></td>
                    <td class="join_form_right"><input type="text" name="phone" placeholder=" 请
输入手机号 "></td>
                </tr>
                <tr>
                    <td class="join_form_left"><font> 密      码: </font></td>
                    <td class="join_form_right"><input type="password" name="password-one"
placeholder=" 请输入密码 "></td>
```

```
        </tr>
        <tr>
            <td class="join_form_left"><font> 确认密码: </font></td>
             <td class="join_form_right"><input type="password" name="password-two"
placeholder=" 请再次输入密码 "></td>
            </tr>
            <tr>
            <td class="join_form_left"></td>
                <td class="join_form_right"><button type="submit"> 注
     册 </button></td>
            </tr>
        </table>
    </form>
    </div>
</div>
```

（5）在 C:\xampp\htdocs\zfjj\wp-content\themes\zfjj下创建一个page-join.php 文件，用来整合注册页面的所有文件，当然，为了能让WordPress 识别注册页面，需要到 WordPress 的控制台去新建注册页面（URL 别名 join），如图 7-30 所示。

图 7-30　新建 join 页面

（6）page-join.php 的代码如下：

```
<?php include('css/addcss.php')?>
<?php include("login/login-header.php")?>
<?php include('login/join/join-border.php')?>
<?php include("footer.php")?>
```

（7）至此，就可以通过访问 http：//localhost/zfjj/join/ 来访问注册页面了。但是表单提交处理的 test 页面还没有制作，这是没有办法完成注册信息提交的，text 页面的制作方法如下：

在 C:\xampp\htdocs\zfjj\wp-content\themes\zfjj 下创建 page-test.php 文件，用来实现网站的注册表单数据的提交处理，并返回注册是否成功的信息。

首先要获取表单提交的数据，然后去检验用户是否已经存在，不存在则完成新用户的注册工作，代码如下：

```
<!-- 注册完成页面 -->
<!-- 此文档为账户注册文档 -->
<?php include('css/addcss.php'); ?>
<?php include('login/login-header.php'); ?>
<div id="join_main">
    <div id="join_welcome">
        <div id="red-vline"></div>
        <font id="welcome_title"> 欢迎注册 </font>
        <div id="two_select">
            <font id="txxx" class="two_border two_select_un"> 填写信息 </font>
            <font id="line">————————————</font>
            <font id="wczc" class="two_border two_select_active"> 完成注册 </font>
        </div>
        <font id="yyzh"> 已有账户: <a href="http://localhost/zfjj/login"> 立即登录 </a></font>
        <div class="join_welcome_hr"></div>
        <h1> 欢迎来到浙方基金 </h1>
        <h6><a href="http://localhost/zfjj/login/"> 点击此处返回登录页 </a></h6>
        <?php
        // 用户注册
        // 声明变量并接受 form 表单发送过来的数据
        $username = $_GET['username'];
        $password = null;
        $userphone = $_GET['phone'];
```

275

```php
// 确认密码后将密码传入
$password_one = $_GET['password-one'];
$password_two = $_GET['password-two'];
if ($password_one == $password_two || $password_one != null || $password_two != null) {
    $password = $password_two;
} else {
    echo '<div> 两次密码输入不相同 </div>';
}


// 字符串拼接，打印输出
echo " 注册的用户名是：" . $username . "<br/>" . " 密码是：" . $password . "<br/>" . " 手机号是：" . $userphone . "<br/>";



// 创建链接
// 设置字符集
$servername = "localhost"; // 服务器地址
$dpusername = "root"; // 数据库用户名
$dppassword = ""; // 数据库密码
$dbname = "zfjj"; // 数据库名称


// 创建链接
// $conn = new MySQLi($servername, $dpusername, $dppassword, $dbname);
$con = MySQLi_connect($servername, $dpusername, $dppassword, $dbname);
if ($con) {
    echo "<br/> 链接成功 " . "<br/>";
} else {
    echo "<br/> 链接失败 ";
}
// 数据库链接完成


// 判断手机号是否注册过账号
$sql = "SELECT count(*) FROM zfjj_users WHERE `userphone` LIKE '$userphone'";
$amount_b = MySQLi_query($con, $sql);
$amount_c = $amount_b->fetch_all();
$num = $amount_c[0][0];
echo $num;
if ($num != 0) {
    echo " 这个手机号已经注册过，请返回重新注册。";
} else {
    // SQL 语句插入语句
    $sql = "INSERT INTO `zfjj_users`(`username`, `userpassword`, `userphone`, `time`)
        VALUES ('$username','$password','$userphone',CURRENT_DATE)";
    $result = MySQLi_query($con, $sql);
    echo " 注册成功，欢迎加入浙方基金！ ";
};
```

276

```
        // 关闭数据库链接

        ?>
    </div>
</div>
<?php include('footer.php') ?>
```

（8）到这一步，注册功能就完成了，展示效果如图 7-31 所示。

图 7-31　用户注册提交信息页面

第四节　实现登录页的动态效果

（一）任务介绍

本任务要实现浙方基金网站的登录功能，在网站注册完成后，用户就需要进行登录来浏览浙方基金网站，并完成基金的购买的操作。

（二）任务目标

（1）实现登录页面的制作。

（2）完成登录功能的实现。

（三）任务实施

（1）登录页面的制作，刚刚在制作注册页面的时候登录注册页面的头部已经做好了，在登录页面直接引入即可。

（2）在 C:\xampp\htdocs\zfjj\wp-content\themes\zfjj\login 中创建 login-border.php 用来制作登录页面的主题部分，login-border.php 的代码如下：

```
<!-- 登录页的主题 -->
<div id="login-border">
    <div id="login-border-1200">
        <div id="login-title" class="float-left"> 财富，源自前瞻 </div>
        <div id="login-main">
            <div id="login-text"> 欢迎登录 </div>
            <form id="login" name='login' action="" method="$_POST">
                <input type="text" name="username" id="username" class="login-name login-input-text" placeholder=" 手机号 / 身份证号 ">
                <br>
                <div id="mess_name" style="display: none;" >
                    <font class="mess">
                        请输入用户名 / 手机号
                    </font>
                </div>
                <br>
                <input type="password" name="userpassword" id="userpassword" class="login-password login-input-text" placeholder=" 密码 ">
                <br>
                <div id="mess_pwd" style="display: none;" >
                    <font class="mess">
                        请输入密码
                    </font>
                </div>
                <br>
                <input type="button" name="userlogin" id="userlogin" class="login-button login-input-text" value=" 登录 ">
            </form>
            <div id="no-id" class="float-left">
```

```
            没有账号？  <a href="<?php echo get_zfjj_uri();?>/join/"><font class="redtext">30 秒
注册 </font></a>
            </div>
            <div id="forgot-passwrod" class="float-right">
                <font class="redtext"> 忘记密码？ </font>
            </div>
        </div>
    </div>

</div>
<script language="JavaScript" type="text/javascript" src="<?php get_zfjj_uri()?>/js/login.js"></script>
<script src="<?php echo get_zfjj_uri(); ?>/jquery/jquery-3.6.0/dist/jquery.min.js" type="text/javascript"
charset="utf-8"></script>
<script language="JavaScript" type="text/javascript" src="<?php get_zfjj_uri()?>/js/loginup.js"></script>
```

（3）和之前一样，仅仅建立文件是不够的，还需要在 WordPress 新建登录界面，让 WordPress 可以识别登录页面，操作如下：

进入 WordPress 的控制台，选择页面，新建登录页面（URL 别名 login），如图 7–32 所示。

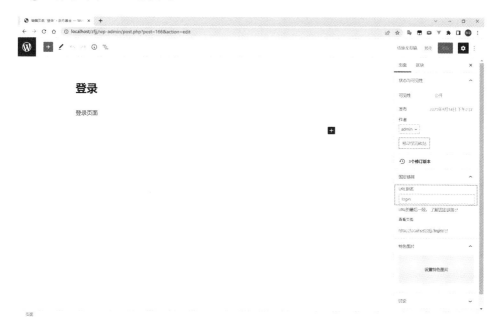

图 7–32　WordPress 新建登录页面

279

需要在 C:\xampp\htdocs\zfjj\wp-content\themes\zfjj 中新建 page-login.php 来展示登录页面，代码如下：

```
<!-- 登录界面的 CSS 样式在 change.css 中 -->
<?php include('css/addcss.php') ?>
<?php include('login/login-header.php'); ?>
<?php include('login/login-border.php') ?>
<?php include('footer.php'); ?>
```

（4）至此，登录页面的展示就制作完毕了，但是登录页面的信息提交及处理页面"login"还没有制作，在 C:\xampp\htdocs\zfjj\wp-content\themes\zfjj 下新建 page-loginup.php 来处理登录请求数据。操作如下：

page-loginup.php 中主要用于处理登录信息，验证登录，代码如下：

```
<!-- 此文当是登录提交判断，和返回信息 -->

<?php
$username = $_POST['username'];
$password = $_POST['password'];

$str = $username . '-------' . $password;

file_put_contents('messagepost.txt', $str);
// 链接用户数据库
$severname = 'localhost';
$dpusername = 'root';
$dppassword = '';
$dbname = 'zfjj';

// 创立链接
$conn = MySQLi_connect($severname, $dpusername, $dppassword, $dbname);
// 设置默认值
$check = 'no';
$check_password = 'no';
$check_phone = 'no';
$name = 'null';

if ($conn) {
    $check = 'ok';
    // 查找用户是否注册
    $sql = "SELECT count(*) FROM zfjj_users WHERE `userphone` LIKE '$username'";
    $amount_a = MySQLi_query($conn,$sql);
    $amount_b = $amount_a-> fetch_all();
    $num = $amount_b[0][0];
```

```php
    if ($num == 0) {
        $check_phone = 'no';
    } else {
        $check_phone = 'ok';
        // 查询对应数据
        $sql = "SELECT * FROM zfjj_users WHERE `userphone` LIKE '$username'";
        $amount_c = MySQLi_query($conn,$sql);
        $row = $amount_c->fetch_assoc();
        if ($row['userpassword'] === $password) {
            $check_password = 'ok';
            $name = $row['username'];
        } else {
            $check_password = 'error';
        }
    }
} else {
    $check = 'error';
}
// 数据库链接完成



// 返回 json 封装数据
$result=array(
    'num' => $num,
    'name'=>$name,
    'username' => $username,
    'check' => $check,
    'check_phone' => $check_phone,
    'check_password' => $check_password,
);

echo json_encode($result,JSON_UNESCAPED_UNICODE);
```

仅创建 page-loginup.php 是不够的，还需要通过 JS 去发起 AJAX 请求到 page-loginup.php 来验证用户名和信息，在 C:\xampp\htdocs\zfjj\wp-content\themes\zfjj 的 JS 文件下，还需要创建 loginup.js 来进行 AJAX 的请求，代码如下：

```js
// 本文档使用 ajax 来提交数据
function get_username(){
    var login_name_a = document.getElementById('username').value;
    return login_name_a;
}
// 获取用户输入的密码
```

```
function get_userpwd(){
    var login_pwd_a = document.getElementById('userpassword').value;
    return login_pwd_a;
}

// 使用 Ajax 将数据传输到 page-loginup.php 判断登录
function createXMLHttpRequest(){
    var request = false;
    if(window.XMLHttpRequest){
        request = new XMLHttpRequest();
    }
    return request;
}

// 绑定事件
var but1 = document.getElementById('userlogin');
but1.onclick = function () {
    if (get_username() == '') {
        alert(' 您未输入用户名！ ')
    } else if (get_userpwd() == '') {
        alert(' 您未输入密码！ ')
    } else {
        var ajax = createXMLHttpRequest();
        console.log(ajax);

        // 编写 get 方法传输数据
        // ajax.open('get','http://localhost/zfjj/wp-content/themes/zfjj/page-loginup.php?username=admin
&password=123456',true);
        // ajax.send(null);

        // 编写 post 方法传输数据
        ajax.open('post', 'http://localhost/zfjj/wp-content/themes/zfjj/page-loginup.php', true);
        ajax.setRequestHeader('Content-Type', 'application/x-www-form-urlencoded')
        ajax.send('username=' + get_username() + '&password=' + get_userpwd())

        //ajax 的处理过程
        ajax.onreadystatechange = function () {
            console.log(ajax.readyState);
            if (ajax.readyState == 4) {
                if(ajax.status>=200 && ajax.status<300){
                    // alert(ajax.responseText+' 登录完成！ ');
                    var data = ajax.responseText;
                    console.log(data);
                    var jsondata = eval("("+data+")");
                    if(jsondata.check_phone == 'no' ||jsondata.check_phone == 'null'){
                        alert(jsondata.username+': 还没有注册。')
                    }else if(jsondata.check_password == 'error' ||jsondata.check_password == 'no'){
                        alert(jsondata.username+': 密码输入错误。')
```

```
            }else if(jsondata.check == 'null' || jsondata.check == 'no'){
                    alert(' 数据库链接失败！')
            }else{
                    // alert(jsondata.username+' 登录成功 ');
                    $up = jsondata.username*2+1;
                    setCookie("name",jsondata.name,1);// 用户名称
                    setCookie("up",jsondata.username,1);// 用户手机号
                    window.open('http://localhost/zfjj?username='+jsondata.name+'&up='+$up,'_
self'); // 跳转到主页
            }
        }else{
                alert(' 服务器请求失败！')
        }

        }
    }
  }
}

// 定义 js 创建 cookie
function setCookie(cname,cvalue,exdays)
{
    document.cookie=cname+"="+cvalue+"; expires=time()+60*60*24*"+exdays+"; path=/;";
}

// 给登录按钮绑定回车事件
$("body").keydown(function (event) {
    if (event.keyCode == "13"){       //13 是 enter 键的键码
        $("#userlogin").click();
        // 调用登录方法，在 div 中定义方法，或通过 js 绑定的方法都可以，我的登录方法就是通过
jquery 绑定的点击事件
    }
});
```

到这一步，登录页面已经可以跟服务器进行登录的验证了，登录成功后会存储一个 cookie 用于整个网站的登录用户验证操作。

（5）登录成功后返回主页，应该显示登录成功的用户信息，如图 7-33 所示。

图 7-33　用 "你好，DOPeace" [退出] 来替换掉原本的登录展示

操作步骤如下：

登录成功后，会在本地存储一个 cookie，用于存储用户名等用户信息，给整个网站需要判断用户登录的地方进行登录验证，不需要用户重复进行登录验证。Cookie 如图 7-34 所示。

图 7-34　Cookie 的存储

需要修改 header.php，可以通过 cookie 的验证来动态地展示左边的菜单，代码如下：

```
<!-- 流式布局容器
        将最外面的布局元素 .container 修改为 .container-fluid，就可以将固定宽度的栅格
布局转换为 100% 宽度的布局。 -->
    <div class="container">
    <?php
    // 获取传入的参数
    if (isset($_COOKIE["name"]) && $_COOKIE["name"] != "") {
        echo "<div id='login_ok'> 你    好 ,<a id='main_user' class='main_user'
href='localhost/zfjj/user'>" . $_COOKIE["name"] . "</a><font id='logout'>[ 退出 ]</font></div>";
        } else {
            include('menu/top_left_menu.php');
        }
        include('menu/top_right_menu.php');
        ?>
    </div>
    <div id="main_message" style="display: none;"></div>
    <!-- 设置 ajax 动态获取用户数据，并展示 -->
    <!-- 引用 jquery -->
     <script src="<?php echo get_zfjj_uri(); ?>/jquery/jquery-3.6.0/dist/jquery.min.js"
type="text/javascript" charset="utf-8">
    </script>


    <!-- 用户名二级菜单 -->
    <script>
        // 获取鼠标移动到用户名
        var main_username = document.getElementById('main_user');
        var check_first = false;
        var x = document.cookie;
        $("#main_user").hover(function() {
            if (check_first == false) {
                var ajax = createXMLHttpRequest();
                console.log(ajax);
                // 编写 get 方法传输数据
                ajax.open('get', 'http://localhost/zfjj/wp-content/themes/zfjj/post/page-user-
post.php', true);
                ajax.send(null);
                ajax.onreadystatechange = function() {
                    // console.log(ajax.readyState);
                    if (ajax.readyState == 4) {

                        if (ajax.status >= 200 && ajax.status < 300) {
                            var data = ajax.responseText;
                            var jsondata = eval("(" + data + ")");// 读取 cookie
                            // console.log(data);
```

```
                                    // 将内容输出到网页中
                                    var main_message = document.getElementById('main_message');
                                        if (main_message.innerHTML == "" || main_message.
innerHTML == null) {
                                    // 链接数据库，查询账户余额

                                        $("#main_message").append("用户名： " + jsondata.
username + "</br>账户余额： " + jsondata.userwallet + " 元 <font id='cz'> 充值 </font></br>手机号码：
" + jsondata.userphone + "</br><a href='http://localhost/zfjj/user/'><font id='main_change'> 编辑资料 </
font></a>");

                                        }
                                    main_message.style.display = "inline";
                                    // 控制二级菜单的位置
                                    var main_user = document.getElementById('main_user');

                                        main_message.style.left = main_user.getBoundingClientRect().
left;
                                        main_message.style.marginTop = 5;
                                        main_message.style.height = 100 ;
                                        // console.log(main_user.getBoundingClientRect().left)
                                    } else {
                                        console.log(' 链接服务器失败！ ');
                                    }
                                }
                            }
                        } else {
                            console.log('on');
                        }



            }, function() {
                // 当鼠标移出二级菜单时隐藏
                $("#main_message").hover(function() {

                }, function() {
                    var main_message = document.getElementById('main_message');
                    var main_user = document.getElementById('main_user');
                    main_message.style.height = 0 ;
                    main_message.style.marginTop = 0;
                    document.getElementById('main_message').style.display = "none";
                    // console.log('off');
                })



            })


            // 注册 ajax
            function createXMLHttpRequest() {
```

```
        var request = false;
        if (window.XMLHttpRequest) {
            request = new XMLHttpRequest;
        }
        return request;
    }
  </script>
</div>
```

（6）到这一步，网站登录成功与否就有着明确的标志了，用户可以通过菜单栏看出自己是否已经登录。

第五节　实现网站文章内容页的动态效果

（一）任务介绍

本任务要实现浙方基金网站的文章内容页的制作，通过制作文章模板页面，可以让用户在点击不同的文章时，展示不同的文章页面。

（二）任务目标

（1）实现文章模板页的制作。

（2）实现文章内容页面的动态效果。

（三）任务实施

（1）首先要在 C:\xampp\htdocs\zfjj\wp-content\themes\zfjj 目录下新建 single.php，这个文件是 WordPress 文章内容模板页的文件名称，不能自定义名称。

（2）在 single.php 页面中引入需要的 CSS、header 和 footer，制作相应的中间内容。

（3）去除静态页面的固定的文章的标题，使用 WP 动态调用代码来调用文章的标题 <?php the_title(); ?>。

（4）将静态的网页中的文章内容部分去除，使用调用文章内容的代码自动调用文章的内容 <?php the_content(""); ?>。

（5）去除文章中的一些元标签，如文章的发布时间、文章的作者、文章的所属分类等，这些都需要替换成 WP 动态调用标签。

日期调用：<?php the_date_xml()?>。

分类目录：<?php the_category(', ') ?>。

（6）制作文章的浏览量统计功能，用于记录每篇文章被用户浏览了多少次，用 <?php the_views();?>。

（7）single.php 代码如下：

```
<!-- 这是文章页面 -->
<?php include('css/addcss.php') ?>
<?php include('login/login-header.php'); ?>
<!-- 引用 jquery -->
<script src="<?php echo get_zfjj_uri(); ?>/jquery/jquery-3.6.0/dist/jquery.min.js" type="text/javascript"
charset="utf-8">
</script>
<!-- 文章登录页面主题内容 -->
<div id="user_main">
    <!-- 左侧导航栏 -->
    <div id="main_left" class="main_left">

        <?php get_mycat_name(); ?>

    </div>

    <!-- 左侧导航栏结束 -->
    <!-- ------------------------------ -->
    <div id="floatBT" class="floatbtn">
        +
    </div>
    <!-- ------------------------------ -->
    <!-- 右侧对应内容 -->
    <div id="main_right_1" class="main_right" style="display: inline;">
        <!-- 自定义的面包渣路径 -->
        <?php get_post_path(); ?>
        <!-- 文章标题 -->
        <div id="single_title"><br><strong><?php echo get_the_title(); ?></strong></div>
        <div id="single_wzxx">
            <font> 发布日期：<?php the_date_xml() ?></font>
             
```

```
            <font> 浏览量: <?php setPostViews(get_the_ID());
                        echo number_format(getPostViews(get_the_ID())); ?></font>
      </div>

      <br>
      <!-- 文章内容 -->
      <?php the_content(""); ?>
   </div>
   <div id="single_down_xx">
      上一篇调用: <?php previous_post_link('« %link'); ?>
      <br>
      下一篇调用: <?php next_post_link('%link »'); ?>
   </div>


   <!-- 右侧对应内容结束 -->

</div>
<div id="sing_pl">
<div id="single_pl" class="">
<?php comments_template("");?>
</div>
</div>
<script defer>
   // 左侧确定当前网页文章是哪一个标题
   var left_ul_li = document.getElementsByName('left_ul_li');
   var k = 0;
   var cat_name = document.getElementById('cat_name');
   var value = cat_name.getAttribute('data-type');
   // console.log(left_ul_li.length);
   // 注册 ajax
   if (window.XMLHttpRequest) { // 主流浏览器的 ajax 注册
      var ajax = new XMLHttpRequest;
   } else if (window.ActiveXObject) { //IE5,6 浏览器的 ajax 注册
      var ajax = new ActiveXObject('Microsoft.XMLHttp');
   }
   for (let i = 0; i < left_ul_li.length; i++) {
      (function(i) {
         left_ul_li[i].onclick = function() {
            left_ul_li[k].removeAttribute('class', 'left_active');
            k = i;
            left_ul_li[i].setAttribute('class', 'left_active');
            var value_chear = left_ul_li[i].getAttribute('data-type');
            // console.log(value_chear);
            ajax.open('get', 'http://localhost/zfjj/wp-content/themes/zfjj/get/main_single.php?cat_
name=' + value_chear, true);
            ajax.send(null);
            // console.log(ajax);
            //ajax 的处理过程
```

```
                    ajax.onreadystatechange = function() {
                        // console.log(ajax.readyState);
                        if (ajax.readyState == 4) {
                            if (ajax.status >= 200 && ajax.status < 300) {
                                var data = ajax.responseText;
                                // console.log(data);
                                var jsondata = eval("(" + data + ")");
                                console.log(jsondata.cat_name);
                                console.log(jsondata.cat_id);
                                window.location.href = 'http://localhost/zfjj/menu?cat_name=' +
jsondata.cat_name + '&cat_id=' + jsondata.cat_id + '&numb=' + i;
                            } else {
                                alert('服务器请求失败！');
                            }
                        }
                    }
                })(i)


            if (k == 0) {
                // 判断初始状态
                var value_chear = left_ul_li[i].getAttribute('data-type');
                // console.log(value_chear);
                if (value == value_chear) {
                    k = i;
                    left_ul_li[i].setAttribute('class', 'left_active');
                }
            }
        }
    };
    // ajax 方法点击左侧右侧改变
</script>
<script>
    // 窗口比较小的，右下角的悬浮按钮
    var floatBT = document.getElementById('floatBT');
    $("#floatBT").hover(function() {
        $('#floatBT').click(function() {
            floatBT.removeAttribute('class', 'floatbtn');
            floatBT.setAttribute('class', 'Ofloatbtn');
            $("#floatBT").empty();
            $('#floatBT').append("<?php get_mycat_name(); ?>");
            var left_ul_li = document.getElementsByName('left_ul_li');
            for (let i = 0; i < left_ul_li.length; i++) {
                (function(i) {
                    left_ul_li[i].onclick = function() {
                        left_ul_li[k].removeAttribute('class', 'left_active');
                        k = i;
```

290

```
                    left_ul_li[i].setAttribute('class', 'left_active');
                    var value_chear = left_ul_li[i].getAttribute('data-type');
                    // console.log(value_chear);
                    ajax.open('get', 'http://localhost/zfjj/wp-content/themes/zfjj/get/main_single.
php?cat_name=' + value_chear, true);
                    ajax.send(null);
                    // console.log(ajax);
                    //ajax 的处理过程
                    ajax.onreadystatechange = function() {
                        // console.log(ajax.readyState);
                        if (ajax.readyState == 4) {
                            if (ajax.status >= 200 && ajax.status < 300) {
                                var data = ajax.responseText;
                                // console.log(data);
                                var jsondata = eval("(" + data + ")");
                                console.log(jsondata.cat_name);
                                console.log(jsondata.cat_id);
                                window.location.href = 'http://localhost/zfjj/menu?cat_name='
+ jsondata.cat_name + '&cat_id=' + jsondata.cat_id + '&numb=' + i;
                            } else {
                                alert(' 服务器请求失败！ ');
                            }
                        }
                    }

                })(i)


            }
        });
    }, function() {
        $("#floatBT").empty();
        $('#floatBT').append('+')
        floatBT.removeAttribute('class', 'Ofloatbtn');
        floatBT.setAttribute('class', 'floatbtn');


    })
</script>
<?php include('footer.php'); ?>
```

（8）文章详情页效果展示如图 7-35、图 7-36 所示。

图 7-35　文章详情页 1

图 7-36　文章详情页 2

第六节　实现网站文章列表页的动态效果

（一）任务介绍

本任务要实现浙方基金网站中文章列表页面的动态效果，文章列表页的用处是将网站所有的文章聚集到一个集合页中，方便用户根据不同分类查看不同的文章信息。

（二）任务目标

（1）完成文章列表页的制作。

（2）实现点击不同分类加载不同的文章列表。

（三）任务实施

（1）制作文章列表页的模板，在 C:\xampp\htdocs\zfjj\wp-content\themes\zfjj 中创建 page-menu.php 页面，用于制作文章列表页的模板文件，代码如下：

```
<!-- 这是文章页面 -->
<?php include('css/addcss.php') ?>
<?php include('login/login-header.php'); ?>
<!-- 引用 jquery -->
<script src="<?php echo get_zfjj_uri(); ?>/jquery/jquery-3.6.0/dist/jquery.min.js" type="text/javascript"
charset="utf-8">
</script>
<!-- 文章登录页面主题内容 -->
<div id="user_main">
    <!-- 左侧导航栏 -->
    <div id="main_left" class="main_left">

        <?php get_mycat_name(); ?>

    </div>

    <!-- 左侧导航栏结束 -->
    <!-- -------------------------------- -->
    <div id="floatBT" class="floatbtn">
```

```
            +
    </div>
    <!-- ----------------------------- -->
    <!-- 右侧对应内容 -->
    <div id="main_right_1" class="main_right" style="display: inline;">
        <?php get_my_single($_GET['cat_id']) ?>
    </div>
    <!-- 右侧对应内容结束 -->
</div>


<script defer>
    // 左侧确定当前网页是哪一个标题
    var floatBT = document.getElementById('floatBT');
    var left_ul_li = document.getElementsByName('left_ul_li');

    if (document.body.offsetWidth>=1180) {
        var url = window.location.href; /* 获取完整 URL */
        url = url.substring(url.length - 1, url.length);
        left_ul_li[url].setAttribute('class', 'left_active');
    }
    console.log(url);
    // 注册 ajax
    if (window.XMLHttpRequest) { // 主流浏览器的 ajax 注册
        var ajax = new XMLHttpRequest;
    } else if (window.ActiveXObject) { //IE5,6 浏览器的 ajax 注册
        var ajax = new ActiveXObject('Microsoft.XMLHttp');
    };


    for (let i = 0; i < left_ul_li.length; i++) {
        (function(i) {
            left_ul_li[i].onclick = function() {
                var value_chear = left_ul_li[i].getAttribute('data-type');
                // console.log(value_chear);
                ajax.open('get', 'http://localhost/zfjj/wp-content/themes/zfjj/get/main_single.php?cat_
name=' + value_chear, true);
                ajax.send(null);
                // console.log(ajax);
                //ajax 的处理过程
                ajax.onreadystatechange = function() {
                    // console.log(ajax.readyState);
                    if (ajax.readyState == 4) {
                        if (ajax.status >= 200 && ajax.status < 300) {
                            var data = ajax.responseText;
                            // console.log(data);
                            var jsondata = eval("(" + data + ")");
                            console.log(jsondata.cat_name);
```

```
                        console.log(jsondata.cat_id);
                            window.location.href = 'http://localhost/zfjj/menu?cat_name=' +
jsondata.cat_name + '&cat_id=' + jsondata.cat_id + '&numb=' + i;
                        } else {
                            alert(' 服务器请求失败！ ');
                        }
                    }
                }
            }
        }

        })(i)
    }
```

// 窗口比较小的，右下角的悬浮按钮

```
$("#floatBT").hover(function() {
    $('#floatBT').click(function() {

        floatBT.removeAttribute('class', 'floatbtn');
        floatBT.setAttribute('class', 'Ofloatbtn');
        $("#floatBT").empty();
        $('#floatBT').append("<?php get_mycat_name(); ?>");
        var left_ul_li = document.getElementsByName('left_ul_li');
        for (let i = 0; i < left_ul_li.length; i++) {
            (function(i) {
                left_ul_li[i].onclick = function() {

                    var value_chear = left_ul_li[i].getAttribute('data-type');
                    // console.log(value_chear);
                    ajax.open('get', 'http://localhost/zfjj/wp-content/themes/zfjj/get/main_single.
php?cat_name=' + value_chear, true);
                    ajax.send(null);
                    // console.log(ajax);
                    //ajax 的处理过程
                    ajax.onreadystatechange = function() {
                        // console.log(ajax.readyState);
                        if (ajax.readyState == 4) {
                            if (ajax.status >= 200 && ajax.status < 300) {
                                var data = ajax.responseText;
                                // console.log(data);
                                var jsondata = eval("(" + data + ")");
                                console.log(jsondata.cat_name);
                                console.log(jsondata.cat_id);
                                window.location.href = 'http://localhost/zfjj/menu?cat_name='
+ jsondata.cat_name + '&cat_id=' + jsondata.cat_id + '&numb=' + i;
```

```
                    } else {
                        alert(' 服务器请求失败!   ');
                    }
                }
            }
        })(i)


        }
    });
}, function() {
    $("#floatBT").empty();
    $('#floatBT').append('+')
    floatBT.removeAttribute('class', 'Ofloatbtn');
    floatBT.setAttribute('class', 'floatbtn');

})
</script>
<?php include('footer.php'); ?>
```

（2）光有模板页是不行的，还需要让 WordPress 识别出文章列表页面，在 WordPress 的控制台去创建 menu 页面（URL 别名 menu），如图 7–37 所示。

图 7–37   WordPress 新建 menu 页面

（3）页面展示如图 7-38 所示。

图 7-38 浙方基金的文章里列表页面

其他页面如基金产品页、尊享理财页、理财课堂页、基民论坛页、关于浙方页等所用到的动态效果实现方法是类似的，可以根据自己的理解用代码实现。

第八章

金融科技平台的发布

本章以校内服务器为例，来说明如何登录配置服务器、发布测试网站。

第一节　登录配置服务器

（1）登录服务器，这里使用的是演示服务器，真实情况要根据服务器的具体配置情况，进行相应的操作。

（2）连接校园网，通过授权堡垒机地址 https://baolei.zfc.edu.cn 账户20040017/Ying.8037，进入堡垒机控制面板，如图 8-1 所示。

图 8-1　堡垒机登录成功后的页面

（3）点击左侧的"运维"，找到对应服务器的 H5 的页面按钮，然后进入服务器，如图 8-2 所示。

图 8-2　堡垒机运维界面进入 H5 客户端

（4）进入服务器的 H5 客户端后，打开服务器的浏览器输入 localhost：8888/ZCYing，进入宝塔面板的登录界面，如图 8-3 所示。

图 8-3　宝塔面板登录界面

输入宝塔面板用户名：ZCYing，密码：Ying.8037，然后进入宝塔面板，如图 8-4 所示。

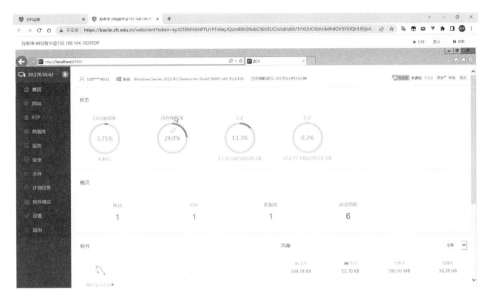

图 8-4　登录进入宝塔面板的界面

（5）点击做的导航栏中的网站，然后选择创建站点，如图 8-5 所示。

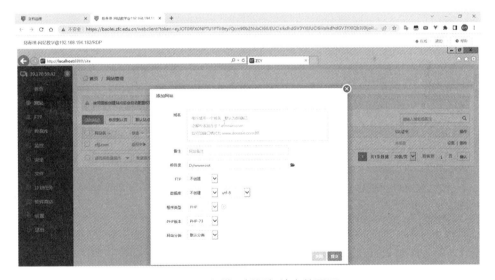

图 8-5　宝塔面板添加站点的页面

参数讲解：

域名：有真实域名可以填自己的域名，这里没有域名为了防止一个 IP 不

303

能重复使用，需要填写一个无用的域名。

备注：对当前站点的备注信息。

根目录：一般情况下使用默认即可。

FTP：根据是否需要使用远程调试，来决定是否需要启用。

数据库：需要根据自己的需求选择，这里选择 MySQL 数据库，默认会帮生成用户和密码。

程序类型：选择 PHP 即可。

PHP 的版本：根据自己网站的实际开发版本进行选择。

网站分类：可以将网站进行分类。

宝塔面板网站的参数设置如图 8-6 所示。

图 8-6　宝塔面板网站的参数设置

保存后可以尝试访问一下所创建的网站，能看到默认的欢迎页面，就表示网站创建没有问题，如图 8-7 所示。

图 8-7　默认的站点欢迎页面

（6）接着需要在网站上安装 WordPress，安装教程可查看本书在本地安装 WordPress 的章节。

第二节　把网站发布到服务器上

第一，在本地计算机使用 WordPress 的导出工具，将网站的数据导出，如图 8-8 所示。

图 8-8　WordPress 导出数据

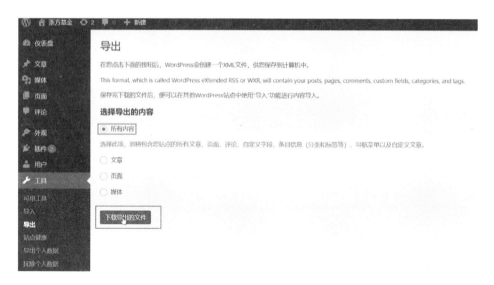

图 8-9　WordPress 下载导出内容

第二，到服务器的 WordPress 上，将导出的文件还原到服务器上的
WordPress 中，步骤如下：

一是将主题资源上传到网站的主题资源目录下，如图 8-10 所示。

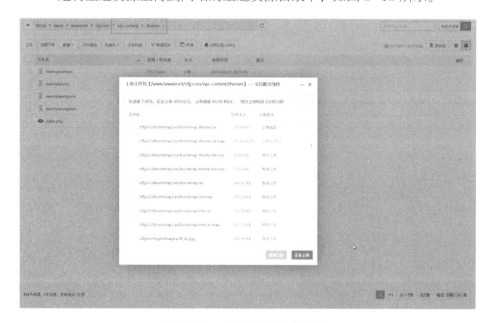

图 8-10　上传本地的主题资源

二是进入网站的 WordPress 后台，选择浙方基金的主图，并还原 WordPress 数据，如图 8-11、图 8-12 所示。

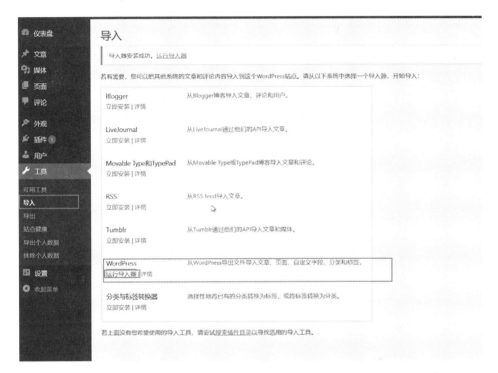

图 8-11　导入 WordPress 的数据

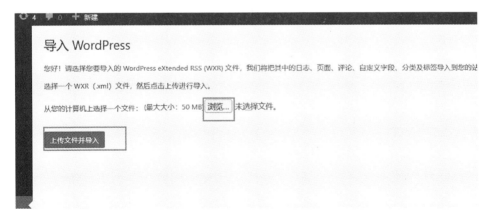

图 8-12　选择需要导入的 WordPress 数据

到这里，资源还原就完成了，还需要还原数据库资源，步骤如图 8-13 所示。

图 8-13　导出需要的本地数据库资源

一是要重新导出数据库，选择需要的数据表就可以了，因为其他的数据表在安装 WordPress 和还原 WordPress 的时候都已经还原了。

二是在服务器上导入数据库，如图 8-14 所示。

图 8-14　在服务器上导入数据库

至此，数据库和服务器资源都还原完毕了，但还需要在服务上对文件进行修改，因为数据库用户名、密码等的配置信息不一样了，所以需要修改 functions.php 下连接数据库的参数，这里根据实际情况进行配置，就不做演示了。

参考文献

[1] 拜尔，等. SRE：Google 运维解密 [M]. 孙宇聪，译. 北京：电子工业出版社，2021.

[2] 车云月. Bootstrap 响应式网站开发实战 [M]. 北京：清华大学出版社，2018.

[3] 传智播客. PHP+MySQL 网站开发项目式教程 [M]. 北京：人民邮电出版社，2019.

[4] 顾贤杰，徐赟，颜中冠. 大型网站运维（从系统管理到 SRE）[M]. 北京：电子工业出版社，2021.

[5] 郭福春，吴金旺. 金融科技概论 [M]. 北京：高等教育出版社，2021.

[6] 蒋永丛，柏杏丽. 网站建设与维护 [M]. 北京：中国水利水电出版社，2015.

[7] 林富荣. WordPress 电子商务运营从入门到实战 [M]. 北京：清华大学出版社，2021.

[8] 钱兆楼，支立勋，刘万辉. PHP 动态网站开发实例教程 [M]. 北京：高等教育出版社，2022.

[9] 谢平，邹传伟，刘海二. 互联网金融手册 [M]. 北京：中国人民出版社，2014.

[10] 易宪容，郑丽雅，何人可. 金融科技合约关系的实质、运行机理及风险防范——基于现代金融理论的一般分析 [J]. 社会科学，2019（5）：40-49.

[11] 尹兴宽，朱璋龙. 金融科技平台运维 [M]. 北京：北京理工大学出版社，2021.

[12] 于荷云. PHP+MySQL 网站开发全程实例 [M]. 北京：清华大学出版社，2015.

[13] 原晋鹏，刘云玉. 网站设计与开发从新手到高手 [M]. 北京：清华大学出版社，2021.

[14] 郑春瑛. 管理信息系统 [M]. 北京：机械工业出版社，2008.